国家社会科学基金项目资助

藏族艺术的审美类型研究

娥 满 著

人民出版社

目　　录

导论：关于审美类型的讨论 ···················· 1

第一章　藏族艺术的审美类型及其表现：宏壮与繁复 ······· 14

　　第一节　宏壮 ··························· 14

　　第二节　繁复 ··························· 35

第二章　藏族艺术的审美类型及其表现：隐秘与畏怖 ······· 64

　　第一节　隐秘 ··························· 64

　　第二节　畏怖 ··························· 90

第三章　藏族艺术审美类型的美学分析 ············· 114

　　第一节　审美主体与客体 ···················· 114

　　第二节　审美内容与形式 ···················· 130

　　第三节　感性与理性 ······················ 142

　　第四节　几组范畴的比较 ···················· 147

第四章 藏族艺术审美类型的自然与人文环境分析 ·········· 170

　　第一节 自然环境与审美类型的关系 ················· 170

　　第二节 青藏高原的人文环境 ····················· 180

结　语 ··· 194

引用文献 ·· 198

导论：关于审美类型的讨论

一、审美类型的基本内涵

美具有极大的丰富性和多样性，审美类型即是对纷繁多样的美的分类。在已经出版的众多美学论著和美学辞典中，它有时被表述为审美范畴，例如杨春时2002年出版的《美学》，叶朗2009年出版的《美学原理》，彭富春2011年出版的《美学原理》。"范畴"一词既有基本类型的意思，也指具有高度概括性、结构稳定的基本概念。它有时被表述为审美形态，"形态"是指事物的样貌或在一定条件下的表现形式，"形态"可以被把握、感知和理解。如朱立元2006年出版的《美学》和陈望衡2007年出版的《当代美学原理》，上海师范大学王建疆教授近年来的一系列论文也一直在努力阐述"审美形态"概念的丰富内涵和合理性。使用审美类型这一术语的学者较少，张法1999—2011年出版的三版《美学导论》便使用这个概念指代美的几种主要分类。杨辛、甘霖合著的《美学原理》使用的是"美的形态"，王旭晓《美学通论》采取的"审美价值类型"说，叶朗先生在《美学原理》中还提出一种颇具解释力的"文化大风格"说。在阅读、分析这些论著时，笔者特别注意了各家对为什么使用相关概念的解释。学者们站在自身立场选择相应表述方式自有其道理，由于立场相殊、标准歧异，故这种对同一美学现象使用不同概念的状况恐难以改变。

下面以近年来在国内美学学科领域具有较大影响力的几部教材为例进行分析。①

1. 审美范畴（aesthetic category）

在《美学》一书中，杨春时采用了审美范畴这一概念，在他看来，审美范畴与审美意象、审美形态、审美体验、审美经验等一系列概念具有密切的关系。

> 审美范畴是无数的审美意象的凝结、抽象，因此也代表了一类审美意象，成为审美形态。审美范畴是对审美体验的反思产物，但并不是每一次审美体验的反思都得出一种审美范畴，人类无数次审美体验的反思、抽象的才产生了审美范畴，这就是说审美范畴凝结了丰富的审美经验……审美范畴不是抽象的概念，而是丰富的具体审美意象和审美体验的集合。②

这些概念群中审美范畴与审美形态最为贴近，有的时候，审美范畴似乎就是审美形态：

> 审美范畴不能离开具体的审美意象和审美体验而存在，它代表了一类审美意象，所以有人把审美范畴称作审美形态。像优美、丑陋、崇高、荒诞、悲剧、喜剧等不仅是具有审美意义的审美范畴，而且是集合着特定的审美意象的审美形态。③

不过，杨春时最终将二者的区别界定为"审美范畴侧重于审美的意义（内涵），而审美形态侧重于审美的形式（外延）"。也就是说，二者间的关系为一体之两面，讨论的是同一对象，但各有侧重。

彭春富的《美学原理》使用的也是审美范畴，他明确区分了审美范畴与审美形态，他说："审美范畴不同于审美形态。如果说审美形态是关于美的区域

---

① 考虑到受众面和影响力，这里选择了教材作为分析对象。
② 杨春时:《美学》，高等教育出版社 2004 年版，第 175 页。
③ 杨春时:《美学》，高等教育出版社 2004 年版，第 175 页。

的划分的话,那么审美范畴是关于美的性质的区分。"①在他看来,审美形态包括艺术美、自然美、社会美等,而美与丑、优美与崇高、悲剧与喜剧等则涵盖在审美范畴之中。

叶朗的《美学原理》用了五章的篇幅谈审美类型,涉及西方的审美类型六种——优美、崇高、悲剧、喜剧、丑、荒诞,中国的审美类型三种——沉郁、飘逸、空灵,五章内容被统合在"审美范畴"一编里,可见,叶朗也倾向于审美范畴这个提法。

在解释审美范畴时,他同样不得不提及审美形态,因为审美形态与审美范畴关系十分密切：

> 审美形态就是在特定的社会文化环境中产生的某一类型审美意象(往往带有时代特色或在一定时期占主流地位的审美意象)的'大风格'(great style)。而审美范畴则是这种'大风格'(即审美形态)的概括和结晶。②

审美形态与和审美范畴的区别何在? 似乎前者为具体的意象,后者则是在此基础上抽象出的概念。不过,在具体使用概念时,叶朗常常将两个概念混用。事实上,在讨论这一问题时,美学界使用最为广泛的就是审美范畴和审美形态,而许多人也是将两个概念混用的。③

2. 审美形态(aesthetic formation)

朱立元《美学》一书中专门论述"审美形态"的章节,初版(2001 年)的执笔者为苏保华和朱生坚,2006 年的修订版此部分内容则是由王建疆教授修改。修订版中对审美形态的内涵有明确界定："审美形态是人对不同样态的美(广义的美)即审美对象的归类和描述,它是审美活动中当下生成的自由人

---

① 彭春富：《美学原理》,人民出版社 2011 年版,第 102 页。

② 叶朗：《美学原理》,北京大学出版社 2009 年版,第 320 页。

③ 如朱玉珠、楚金波主编的《美学原理》(黑龙江人民出版社 2007 年版)和胡健的论文《审美范畴研究反思》(《美与时代》(下)2016 年第 7 期),等等。

生境界的对象化、感性表现形式和具体存在状态。"①

更为简洁的表述是:"审美形态是在审美实践活动中特定的人生样态、自由人生境界的对象化和审美情趣、审美风格等感性凝聚、显现和逻辑分类。"②

与其他著作相比,朱著《美学》更用力于对审美形态内涵的细腻分析,除了"审美形态",对用以解释审美形态的"人生样态"、"自由人生境界"、"审美情趣"、"审美风格"等二级概念也一一加以解释。近年来,王建疆教授在许多论文中进一步阐述了审美形态的性质与特点,强调审美形态的生成性、贯通性、整体性和二重性。他认为审美范畴与审美形态不同,那些将二者混用,或者用范畴取代形态的只是在主客二分的惯性思维前提下未经思考的反应。因为,从概念的外延看,审美范畴的外延大于审美形态;从本质看,范畴是一种逻辑的先验设定或总结,它只关心逻辑关系的稳定性与自足性,而忽略审美形态划分的相对性,忽略审美形态所具有的生成性存在。③

3. 美的形态

杨辛、甘霖合著的《美学原理》是一部问世较早、多次再版的教材,作者用四章的篇幅阐述了六个与审美类型相关的概念,一章写意境和传神,一章写优美与崇高,一章写悲剧,一章写喜剧。其中,意境和传神是作者对中国艺术美特征的归纳,后四种则主要指西方的美的类型。不过,作者没有把以上六个概念统合在一个共同的更高级次的概念下,而是将它们分别归类,意境与传神是"我国美学思想中的一个重要范畴"④,"优美与崇高是美的两种不同形态,即美的两种不同种类"⑤,"悲剧是崇高的集中形态,是一种崇高的美"⑥。也就是说,杨、甘二人同样认为在审美类型划分上,范畴与形态两个概念十分接近,

---

① 朱立元主编:《美学》(修订版),高等教育出版社 2006 年版,第 66 页。
② 朱立元主编:《美学》(修订版),高等教育出版社 2006 年版,第 165 页。
③ 王建疆:《审美形态新论》,《甘肃社会科学》2007 年第 4 期。
④ 杨辛、甘霖:《美学原理》,北京大学出版社 1993 年版,第 202 页。
⑤ 杨辛、甘霖:《美学原理》,北京大学出版社 1993 年版,第 247 页。
⑥ 杨辛、甘霖:《美学原理》,北京大学出版社 1993 年版,第 269 页。

甚至可以互换运用。

这里出现一个新的概念——美的形态。"优美与崇高是美的两种不同形态，即美的两种不同种类。如风和日丽和狂风暴雨，这是两种不同形态的美。这两种不同形态的美，给我们的审美感受也是不同的。"①

杨辛、甘霖的《美学原理》与朱立元的《美学》都用"形态"来概括审美的不同类型，似乎形成了共识。不过，朱著认为举凡以"美的××"如美的类型、美的范畴、美的形态等来归纳审美形态的理论，其哲学基础都有问题。因为这类说法把美看作是完全外在于人的客观对象的固有属性，忽略了美是在审美实践中不断生成的。

4. 审美类型(aesthetic type)

张法的三版《美学导论》均用审美类型来对应西文的 aesthetic category，理由是 category 在西方哲学的语境下既是主观的概念(体现了人的主观性选择)，又是客观的类型(根据事物本质进行的逻辑分类)，是主客观的统一。他认为由于苏联的影响，中国人往往将 category(范畴)定义为"最重要和最基本的概念"，将其理解为纯观念的东西，中文的范畴已无法完全对应西文的完整内涵，故他选择了中文"类型"一词，理由有三："类型，第一，有分类之义(classification)，显示了主体的目标选择在其中；第二，有层级之义，类为大类(class)，型为小型(type)，显示了结构上的丰富性；第三，有成型之义(pattern)，显示为主客互动中的结果。"②

5. 审美价值类型

王旭晓《美学通论》采取的审美类型说，他认为以往通用的范畴说和形态说都有一些不尽人意之处，范畴更倾向于形而上的美的本质，脱离了具体的审美活动；形态偏重于对事物的经验描述。所以他选择类型一词，"因为'类型'

---

① 杨辛、甘霖：《美学原理》，北京大学出版社 1993 年版，第 247 页。
② 张法：《美学导论》(第 3 版)，中国人民大学出版社 2011 年版，第 114 页。

既具有一定的抽象概括性,也是形态学的概念,同时还可以体现历史的线索"①。此外,由于他将美视为一种能满足主体审美需要的价值事实,故他将优美、壮美、崇高、悲剧、喜剧、滑稽等归在审美价值类型之下。

6. 文化大风格说

叶朗用"审美范畴"和"审美形态"来概括纷繁多样的审美现象中凸显出来的主色调。他说,不同的社会文化环境会培育不同的审美文化,不同的审美文化最终会形成自身独特的审美形态,继而形成不同的审美风格。不过,所谓审美范畴(或审美形态)必须是那些最能代表各个文化特质,且影响绵长的文化大风格。譬如"优美"就是西方文化源头之一的希腊孕育出的深具希腊文化特质的审美大风格,"崇高"则代表西方文化另一源头希伯来基督教文化的审美大风格。叶朗的这一提法清晰地区分了审美范畴与审美风格两个概念,事实上,人们在理解审美时十分不容易把握二者的尺度,常常会混淆两个概念。

以上几种为最常见的说法,选用审美范畴最易理解,因为审美范畴与西文aesthetic category 严格对应,自西方舶来的美学概念直接翻译为相应的中文概念是十分自然的。但范畴作为一种抽象概念,过于强调事物的本质,而忽略了审美类型的具象性,忽略了审美类型是内在本质与外在形式的统一体,故审美形态的概念出现。

在朱立元先生及其弟子们的努力下,审美形态的内涵被赋予极大的丰富性,使其成为与审美范畴并驾齐驱的接受度极高的概念。不过,这种对审美形态的内涵不断做加法的方式反过来又加大了概念的理解难度。我们要准确地理解"审美形态"需要先行去理解人生样态、审美境界、审美情趣、审美风格等相关概念的内涵。

美的形态说一方面与审美形态说相似,强调对美的归类与描述,但用

① 王旭晓:《美学通论》,首都师范大学出版社 2000 年版,第 260 页。

"美"替代"审美"容易将美视为存在于客观对象上的一种实体,事实上,美既不仅在对象上,也不仅在主体心灵里,美是主客体互动时产生于二者之间的一种审美感受。

而审美类型与审美价值类型都特别强调了美的类型学意义。

以上诸种概念均有其合理的一面,也有其难以涵盖全面、挂一漏万之处。本文从众多概念中选择了"审美类型"来归纳藏族艺术的独特面相不过是想借用这个概念所强调的分类的意义。"为了掌握复杂多变的现象,人们便将它们类分在一起,当按照极其普遍的范畴,将它们纳入大类之时,人们便建立了广大的秩序和条理。"①在《西方六大美学观念史》的开篇,塔塔尔凯维奇给予分类如此重要的作用。我们知道,美自诞生以来,它的家族便开始日益庞大,出现了各种各样的变体,有的是对美的不同方面的深化,有的是将原本不属于美的家族的内容进行审美转化后的结果,美从狭义转化为广义。美的家族的丰富化要求我们进一步去归纳总结,进一步辨析哪些是最基本的,哪些是逸出的旁枝。在本书中,分类是基础,在分类之上进一步梳理、概括、讨论,以期进入具体话题。透过挖掘藏族艺术的审美特点,概括藏族艺术的审美类型,最终达成了解藏文化,促进研究者、被研究者与读者间相互理解的目的。

二、藏族艺术研究综述

藏族艺术类型丰富、成就突出、特色鲜明,颇受中西学者的关注。国外学者的藏族艺术研究肇始于 20 世纪初,英国的斯坦因和法国的伯希和等人从敦煌掠走了大批藏文写本,促成了藏族研究在世界范围的发展。其中一些学者专注于文化艺术领域,取得了令世人瞩目的成绩,著名的如法国藏学家石泰安的格萨尔研究,意大利藏学家图齐、瑞士藏学家艾米·海勒的佛教艺术研究,法国藏学家拉露的西藏文学研究,奥地利藏学家内贝斯基的宗教舞蹈研究,匈

---

① ［波兰］瓦迪斯瓦夫·塔塔尔凯维奇:《西方美学六大观念史》,刘文潭译,上海译文出版社 2013 年版,第 2 页。

牙利学者阿利瑟·埃格耶德的宗教音乐研究,美国学者杰夫·瓦特的藏族美术研究以及瑞士学者 U.冯·施伦德尔对雕塑和佛像的研究,等等。

20 世纪 30—40 年代,中国国内出现了一批精通藏文的学术大家,他们成为中国人用现代学术方法研究藏族文化的开拓者。其中,于道泉的《第六世达赖喇嘛仓央嘉措情歌》(1930)是世界上第一部用藏文以外的文字介绍藏族文学的专著。50—70 年代,大批学者与民族工作者在藏区进行了广泛而深入的社会历史文化调查与民间文艺采风活动,获得了大量珍贵的藏族社会历史、语言文字、宗教哲学、音乐戏剧、建筑雕塑等的第一手资料。20 世纪 80 年代以后,这些资料陆续出版,包括《格萨尔王传》,藏族的《民间故事集成》、《歌谣集成》、《谚语集成》、《民歌集成》、《民间舞蹈集成》、《民间器乐曲集成》、《西藏戏曲志》、《西藏曲艺志》等大型丛书。

20 世纪 80 年代至今,藏族艺术的审美研究不断深入,由于专业机构和学术团体的壮大,加之藏、汉、蒙多民族学者的携手合作,藏族审美研究呈持续上升的发展趋势。在"中国知网"上以"藏族艺术"进行"主题"搜索,1983 年以前的年发表论文数仅为个位数;1984 年至 2006 年年发表论文数保持在十位数,且逐年攀升,从最初的 16 篇发展到 81 篇;2007 年到 2011 年,从 125 篇逐年攀升至 190 篇;2012 年至 2015 年,年论文数保持在 200 多篇,最高值为 2014 年的 269 篇。把"主题"替换为"藏族审美"时,虽然论文总量减少,但数量变化的趋势仍一致。该结果从一个侧面反映出改革开放以来藏族艺术及审美研究热度持续上升的现实。现有的藏族艺术审美研究大多数着力于对不同艺术进行分门别类的研究,关注重心主要集中在唐卡(谢继胜,1996、2002、2010;意娜,2013;康·格桑益希,2007、2010、2013、2015);佛像(张建世,2008;袁凯铮,2009);壁画(熊文彬,1996);曼荼罗艺术(昂巴,2010);羌姆面具(郭净,1998;杨嘉铭,2006;康保成,2003);藏戏(刘志群,1985;李云,2014);舞蹈(强巴曲杰,2002);服饰(李玉琴,2010);民居(李春生,2007)等领域,这些专门领域的研究成果为这一论域研究的系统化、理论化提供了丰富的材料。

我们发现，国内外学者往往在专门的艺术门类里深耕，颇有斩获，但较少将藏族艺术视为审美整体进行综合的美学研究。当我们将包括绘画、雕塑、石刻、建筑、服饰、面具、戏剧等在内的藏族艺术视为一个整体进行考察时，发现由于地理环境、历史进程尤其是民族文化的深刻作用，藏族艺术在审美趣味、偏好和风格方面表现出相当的共性，形成了独具特色的审美类型，且至今还有强劲的生命力。而这些审美类型既不同于西方，也不同于汉民族。

三、文化差异与审美类型

由于文化差异，不同民族会形成各不相同的审美类型，故而，美学的多样性是一个不争的事实。不过似乎到近些年，这个问题才伴随对文化多样性的重视真正走向美学议题的前台。2005年第33届联合国教科文组织大会上通过了《保护和促进文化表现形式多样性公约》，强调每个民族、每个国家都有自己独特的文化，文化多样性是人类社会的基本特征，也是人类文明进步的重要动力。人们开始广泛探讨文学多样性、哲学多样性、伦理多样性等问题。在美学界，2010年北京大学举办的第十八届世界美学大会的主题被确立为"美学的多样性"，在这次会议上，西方美学、中国美学与其他文化的美学竞相展示自己独特的存在，试探性地展开对话、交流。

文化的多样性之于美学的关系，最终必然落实到审美类型上，体现为审美类型的多样性。因为审美类型是构成各个不同文化独特美学系统的核心。不同文化因为所处的自然、人文生态环境及特殊的历史发展轨迹，会逐渐形成自己最为钟情的审美类型，正是独有的审美类型才使一种文化区别于其他文化。

在西方两千余年的美学发展历程中，出现了众多的审美类型，其中，优美、崇高、悲剧、喜剧、丑、滑稽、荒诞等最受重视和被广泛讨论。一种被广泛接受的说法是，古典美学时期，深具希腊文化特质的"优美"（beautiful）是西方最基本的审美类型；近代，"崇高"（sublime）则一跃而成为西方美学最重要的类型；到了现代，荒诞（absurdity）才成为人们分析时代精神和文艺作品的最常用的词语。作为具有悠久、深厚文化传统的中国同样孕育出众多的审美类型，王建疆认为至今流行的有 12 种，即中和、气韵、阴柔、阳刚、神妙、意境、飘逸、空灵、优美、壮美、清丑、风度等。① 叶朗认为有三种为最基本的类型：体现儒家文化中和雅正的审美内涵的"沉郁"，体现了道家文化逍遥自在的文化内涵的"飘逸"，体现以禅宗文化为代表的佛家寂静、空疏且富于灵性的文化内涵的"空灵"。②

中国有五十六个民族，民族与民族间在审美意识、审美趣味方面往往大相径庭，甚至南辕北辙。不过，以往的美学研究往往有意无意地忽略这种差别，要么只谈论作为文化主体的华夏的美学，要么不加辨析、笼统地使用中国美学这个概念，忽略了境内各民族审美的异质性。当然，各少数民族的审美也非全部大相径庭，许多民族因历史渊源相近、生活环境相似，形成了高度类似的审美倾向。但部分民族因为地域相对封闭，加之独特的宗教影响，其审美趣味也就具有了相当的独特性，藏族就是其中之一。就具体表现而言，藏族艺术中的绘画、雕塑、石刻、建筑、服饰、面具、戏剧、史诗等都有一种与中国主流审美大异其趣的风貌，透过这些具体的艺术，可以归纳出与汉地风貌迥异的几种基本审美类型。

在广泛考察藏族艺术的基础上，我们初步归纳出它的四种基本审美类型。基本审美类型是指"在特定的社会文化环境中产生的某一类型审美意象（往往带有时代特色或在一定时期占主流地位的审美意象）的'大风格'"③。它不同于具体的审美风格（一般的审美类型），具有高度概括性。

一为宏壮，表现在依山而建、体势巍峨的寺院，浴佛节仪式上长达四五十米的巨幅堆绣佛像，神山圣湖周围铺天盖地的经幡，建造在山头的宫堡式建筑

---

① 王建疆：《中国审美形态与中华文化特性》，《西北师大学报》（社会科学版）2016 年第 1 期。
② 叶朗：《美学原理》，北京大学出版社 2009 年版，第 321 页。
③ 叶朗：《美学原理》，北京大学出版社 2009 年版，第 320 页。

和石砌的民居碉楼,等等;二为繁复,藏族审美无论世俗的服饰、装饰、家具、家用器皿,还是宗教的唐卡、壁画的着色、建筑内饰等都表现出对"错彩镂金"式的繁缛的审美追求,与汉族将简约淡泊视为最高审美理想形成鲜明对比;三为隐密,密宗金刚乘的修习成为藏传佛教突出的特点,构成藏族宗教审美氛围隐密、似幻非真的特点,例如格萨尔传承中的"神授"、"梦授"传承等;四为畏怖,不同于印度犍陀罗样式佛像的低眉浅笑,也不同于汉地佛像的世俗化风格,藏族宗教艺术中的神像和面具(尤其是护法神)大多狰狞恐怖,这些色彩浓重的形象与藏区神奇荒凉的风土共同造就了藏族艺术"畏怖"的特征。

四、研究的学术意义与现实意义

(1)审美类型问题是美学的重要问题之一,美的事物异彩纷呈,如果按照性质的差异将其进行分类,尤其是从众多的美中辨析出最能代表该文化特性的几种基本美学类型,对于我们把握审美现象,进而把握更为抽象的美学原理提供了一条可行的途径。目前出版的所有美学原理、美学理论类著作中往往都设专门章节讨论审美类型问题,可见,审美类型既是人类审美漫长发展历程中形成的美的多重面相,又是人们进一步把握审美现象的有效途径。

长期以来,中国美学界关于审美类型的考察仅聚焦于中西两大领域,少数民族审美表现出的独特的审美类型长期被忽视。这一方面是中国美学界囿于西方美学与中国古典美学二分天下的固有格局,很难更新思路,让中国美学的大家庭接受新的成员。笔者曾专文讨论过开展少数民族美学研究的理论意义。[1] 笔者以为,中国美学概念的外延存在问题,因为中国不仅仅是汉族人的中国,还是人口近十分之一、地域超二分之一的少数民族的中国。李泽厚等在20世纪80年代就开始用华夏美学取代外延更广的中国美学,他说"所谓华夏美学,是指以儒家思想为主体的中华传统美学"[2]。他们采用的是减法,其思

[1] 娥满:《少数民族美学何以可能?》,《美与时代》(下)2014年第4期。
[2] 李泽厚:《华夏美学》,天津社会科学院出版社2001年版,第7页。

路是努力使中国现存的美学名实相符,以正本清源。但笔者以为不如做做加法,将少数民族丰富的审美文化资源纳入中国美学学科建构中,不仅使丰富独特的少数民族审美文化资源得到关注与阐释,也赋予中国美学一个多民族国家的美学应有的鲜明的内在丰富性、本土特质和多元智慧。

另一方面,民族美学自身也存在问题,现有的大量少数民族审美研究停留在感性材料堆积与经验研究的层面,始终没能出现系统化、理论化,从美学学科角度审视民族艺术审美特性的论著。究其原因,是现有的民族审美文化的研究和思考大多被放在民族学的框架之中进行,导致相关研究成果多表现为民族学的民族志经验事实,经验性有余,思辨性不足。与中国传统艺术相比,少数民族文化缺乏系统性的审美体系的状况似乎更为突出,虽然有大量可以作为美学分析对象的文化事象,但在理论方面却乏善可陈。少数民族美学也几乎没有可以为自己代言的响当当的美学人物,假如要书写少数民族美学史,我们发现这会是一本系统美学观念不足、美学家匮乏,而主要由纷繁庞杂的审美物态构成的历史。

在寻索少数民族审美事项的基础上,抽绎出少数民族的美学思想无疑是完成中国美学本土化、丰富中国美学内涵的一条重要途径,而以某个具体民族为对象开展工作正是其中最基础的部分。我们相信,积跬步可达千里,积小流可成江海,探寻藏族艺术的审美类型可以为充实中国美学内涵贡献绵力。

是为其学术的意义。

(2)联合国教科文组织大会于2001年通过的《文化多样性宣言》指出文化多样性是人类的共同遗产,文化多样性对人类来讲就像生物多样性对维持物种平衡那样必不可少。保持文化多样性使我们在面对复杂多变的世界时可供采择的文化因素还很多样。假如人类过分依赖某种文化,极有可能造成整个文化的僵化而丧失了演化上的优势,当周遭情势发生变化反而会因为无法及时选择适宜的文化样式而灭绝。可见,文化多样性是人类社会的基本特征,也是人类文明进步的重要动力。从这个意义上说,藏族艺术不仅有往日的辉煌,同时也是当代文化创新的绝好资源,面对全球文化一体化、现代化的进程,藏族审美文化资源既向藏族开放也向其他民族开放,进而为中华文化进行创造性重构提供了新的材料。

是为其宏观的现实意义。

(3)中国是多元一体的多民族国家,其中的各个民族以中华民族认同为中心又保留自身的文化特色,民族间关系和谐、休戚与共、共同发展。不同民族不同文化的人群会形成独具特色的审美类型,这些有助于我们清晰地把握对象的美学特征,进而理解不同文化人群的美学趣味、价值取向以及生命关切。

藏族文化是多元一体中华文化的有机组成部分,了解它的文化是为了促进民族间的互相理解、团结协助,以期在文化上更加互信,且逐渐走向融合,以实现国家的稳定与繁荣。藏族艺术是藏族人民所创造的能体现他们隐秘内心和价值追求的对象,透过藏族艺术的审美特征可以揭示藏族人的心灵世界,理解藏族审美文化的基本精神,理解藏族与外部世界交流、沟通的方式,以及他们看世界的眼光,这些都有助于深化对藏族文化的理解。藏族艺术内容纷繁庞杂,如何透过复杂的表象精当地概括出它的基本特质具有相当的难度。要真正理解藏族文化,透过藏族艺术审美类型的分析和把握不啻为一种有效的途径。

是为其微观的现实意义。

第一章　藏族艺术的审美类型及其表现:宏壮与繁复

藏族艺术包括宗教艺术和世俗艺术两类。我们归纳出的藏族艺术的四种基本审美类型——宏壮、繁复、隐秘、畏怖——前二者为宗教艺术和世俗艺术所共有,这主要受青藏高原千百年来独特地理、人文环境的影响;后二者则为宗教艺术所特有,宗教尤其是密教型佛教的盛行,使得藏族宗教类艺术充满神秘的氛围,形成一种富于象征意味的隐秘和畏怖型审美。

第一节　宏　壮

藏族艺术经常表现出一种宽广博大的气势,例如依山而建、体势巍峨的寺院建筑群落,神山圣湖与周围铺天盖地的经幡构成的"画卷",展佛仪式上长达四五十米的巨幅佛像,建造在山头上的宫堡式建筑和高大的碉楼以及英雄史诗《格萨尔王传》形式方面的卷帙浩繁、篇幅宏大,内容方面的气势磅礴、英雄气概,等等。我们把这种审美类型称为"宏壮"。

"宏"是广大、博大的意思,壮指有力、强盛,二者合起来,指因广延性上的大而显得别有一番气势。

一、"宏壮"诸现象

（一）展佛

2017 年暑假，笔者带着两名研究生再次奔赴西藏，此次考察很重要的一个目的是参加拉萨的雪顿节，一睹哲蚌寺展佛的盛况。雪顿节举行的时间是藏历七月初一，今年对应的公历时间是 8 月 22 日。不过，展佛一般作为节日的开场仪轨安排在雪顿节的前一天。8 月 21 日，我在朋友圈上发表了如下一段文字：

> 在西藏，雪顿节是隆重程度仅次于藏历新年的节日，为了一睹哲蚌寺展佛的盛况，凌晨 5 点我们就起床了。
>
> 由于朝佛的人实在太多，每年雪顿节期间，展佛地哲蚌寺都会进行交通管制，我们的出租车只能停在离寺六七里外的路口，然后便在一片漆黑中混入人群，随着沉默不语的人们，向着山的位置冒雨——缓慢——前行。在黑暗中，我们与他们（其实我本就属于他们，但心中自然涌起的居然是我们与他们的概念）向着同一个方向，一步步缓慢地挪动。天渐渐亮了，雨渐渐停了。我发现，周围的山裸露着巨大的岩石，一些岩石上有鲜艳的佛像和六字真言，云雾在山间的哲蚌寺上方轻轻抹了一横，山下的拉萨城也罩在乳白色的云雾之中，我们就这样行进在云雾缠绕的石头台阶上。通往展佛台的道路两旁，武警和士兵维持着秩序，有人在路旁售卖朝佛的哈达与杜鹃花树枝。
>
> 终于达到展佛地，那是哲蚌寺外一座朝向东方的山上，可惜，由于起得还是不够早，我们没能看见僧人将佛像从山顶放下，佛像在晨光里缓缓展开法相的庄严瞬间。但即使如此，巨大而色彩斑斓的佛像还是让人心头一震。不过，今年展出的不再是那幅全世界最大

巨型释迦牟尼唐卡,而是强巴佛(未来佛弥勒)的结跏趺坐菩萨造像。我看见,许多人将手中的哈达奋力掷向佛像,然后对着佛像双手合十,念诵着六字真言或四皈依经,有的信徒则对着他虔敬地磕等身长头。当然,旅行者们也不能自已地拿起照相机、手机一通狂拍。

强巴菩萨的像就这样静静地展开在一座岩石山的中央,俯瞰着脚下这座藏传佛教最大的寺院和芸芸众生。望着这个铺展在天地之间的巨大的存在,我不由想起1971—1972年保加利亚人克里斯托在美国科罗拉多州大河谷间搭起的蔚为壮观的橙红色帘幕,它被称作"山谷帷幕",是20世纪60年代末兴起于欧美的大地艺术的代表作品。以艺术的视角看,哲蚌寺的巨幅佛像何尝不是藏民以大自然为媒介,将艺术与自然有机结合而创造出的大地艺术(图1-1)。

图1-1 哲蚌寺的展佛

(摄于2017年雪顿节)

　　其实关于展佛最令人震撼的还是僧人们伴着悠长辽远的号声将巨幅佛像从山顶缓缓"展"开的过程，由于我们去迟了，我的文字中缺失了这个激动人心的时段。著名诗人于坚 2006 年去拉萨机缘巧合也亲历了展佛，以下我用他的一段文字来补充这个缺失，诗人的文字生动、细腻，读来让人如临其境：

　　　　东方的天空已经呈现为金色，山谷里忽然响起了法号的声音，万头攒动，都在寻找那声音的起源。恍惚之间，我只觉得那声音是金光灿烂的，犹如狮子在吼叫。终于发现了声源之所在，一幅橘黄色的长幡在半山飘动着，下面是一排裹着红色袍子的僧人，秃顶浮在光辉之中。他们约四五十人，挑着一个很重的长卷在人群中蛇游而过。我看不出那是什么，我猜想那必是佛像了。

　　　　到了那铁架子上面，僧人们一齐呐喊，顿时，那长卷迅即沿着铁架子从上向下滚开去，白花花的一片，立即使山坡亮起了一大块。少顷，几根绳子从上面放下来，拴住那层覆盖在佛像之上的白布，徐徐向上拉，"哇"，人群中爆发出一阵惊叹，一幅五彩斑斓的佛像缓缓地显现了。先是胸部，然后脖子、嘴巴、鼻子、眼睛额头，最后，整个佛都呈现出来了。当佛像完全显现，太阳也刚好就升上东方的山顶，把佛像整个地照亮了。整个过程不过 20 分钟，操作得相当准确、精确。没有任何多余的程序，没有任何象征性的东西。①

雪顿节的重头戏并非在哲蚌寺和色拉寺举行的展佛，而是展佛当天在哲蚌寺和此后一周在罗布林卡和宗角禄康举行的盛大的藏戏表演。但在拉萨以外的藏区，则有一年一度以盛大的展佛仪式为核心的专门节日——瞻佛节，也叫晒佛节、浴佛节，这个节日里，巨大的佛像成为真正的主角。每年瞻佛节，各

---

　　①　于坚：《在哲蚌寺看晒佛》，《佛教文化》2006 年第 6 期。

大寺院会将本寺珍藏的巨幅唐卡请出,在寺院附近的展佛台展出,那里可能有一块石壁,可能是一片宽敞的山坡,布达拉宫、扎什伦布寺和拉卜楞寺等寺院还建有专门的展佛台。那天清晨,一些喇嘛吹奏着梵乐引领队伍,几十名甚至上百名喇嘛肩扛着用五色绸缎绘制或堆绣而成的巨幅佛像唐卡跟在后面,当队伍到达展佛地时,伴着悠远的梵乐、浑厚的诵经声,形制巨大、色泽艳丽的佛像从高处一点点地展开他的庄严妙相,用慈悲的眼神俯瞰众生。来自四方的信徒或肃然而立,或念诵佛经,或磕头行礼,有的信徒甚至流下了激动的泪水。在高原湛蓝的天空下,在强烈的闪着金光的太阳的映衬下,场面显得格外恢宏。展佛一般持续一两小时,之后,喇嘛们便将佛像重新小心翼翼地卷起送回寺院保管,以防止高原的紫外线损害唐卡,同时待来年再次展出。

据说藏传佛教的瞻佛节是 1468 年由宗喀巴大师的弟子根敦朱巴在扎什伦布寺创办的,其目的是为纪念佛的诞生。不过,我们最熟悉的佛诞日习俗是浴佛,按照义净《南海寄归传》的记载,这一习俗当来自印度:

> 寺庭张施宝盖,殿侧罗列香瓶,取金银铜石之像,置以铜金石木
> 盘内。令诸妓女,奏起音乐。涂以磨香,灌以香水,以用净白㲲而揩
> 拭之。然后安置殿中,布诸花彩。[①]

实际上,以"沐浴"佛像的方式纪念佛诞是广泛流行于佛教信仰地区的习俗,它最初源自印度,后来向南传到东南亚佛教区,向北到了汉地和藏区。只不过,它不再单纯是佛寺自己的事,佛教寺院开始打开山门,迎接信众,僧俗信众"普天同乐"。在汉地,浴佛节在为佛菩萨沐浴之外更延伸出用装饰华美的车载着佛像游行的"行像"活动,此仪式后来居上,将浴佛节的气氛推上高潮。

---

① 义净:《南海寄归内法传校注·卷第四》,王邦维校注,中华书局 1995 年版,第 172 页。

四月七日①,京师诸像皆来此寺。尚书祠部曹录像凡有一千余躯,至八日,以次入宣阳门,向阊阖宫前受皇帝散花。于时金花映日,宝盖浮云,旛幢若林,香烟似雾,梵乐法音,聒动天地。百戏腾骧,所在骈比。名僧德众,负锡为群,信徒法侣,持花成薮。车骑填咽,繁衍相倾。时有西域胡沙门见此,唱言佛国。②

上至帝王、贵族,下到平民百姓都可以亲睹佛颜,这是佛教为了更好地传播而采取的一种重要的亲民方式。藏传佛教的展佛与汉传佛教的"浴佛"、"行像"有相似的功能,每年展出一次的巨大佛像,既是借庆祝佛祖诞辰,为僧俗众人在辛苦修行和辛勤工作之余创造一个聚会、放松的机会,也是寺院让千千万万的僧俗在恢宏、庄严佛像前接受神圣的洗礼、宗教的抚慰。巨大的绘制精美的佛像通过艺术的力量安顿了成千上万信徒的心灵,实现了艺术提升与净化心灵的功能。

(二)建筑

藏区面积很大,从藏东峡谷地带、藏南谷地到藏北高寒牧区,建筑材料受地域影响各有不同,建筑形式也略有差异,但由于基本都处在气候寒冷的青藏高原,环境、气候条件相似,文化一致,导致审美趣味相通,形成了相近的建筑风格。藏区建筑多为平顶立方体,墙壁很厚,里直外斜,上下收分,也即说房屋越往上越狭窄,这使得藏区的建筑大多显得整齐雄壮。普通民居确立起这种立方体的基本形,发展至宫殿、寺院也不过是更加错综复杂,更富于装饰而已。

1.宫堡建筑

西藏传统的官家建筑包括宫殿建筑和宗建筑,二者都是统治者为保卫自

---

① 关于释迦牟尼的诞生日在农历哪一天,汉地佛寺先后流传过腊八(十二月初八)、二月初八、四月初八几种说法,北朝以四月初八为佛诞日,而梁到唐认为二月初八才是佛诞日,宋代北方以腊八为佛诞日,南方则信仰四月初八,直到元代寺院才以四月初八统一了佛的生日。

② 周祖谟:《洛阳伽蓝记校释》,中华书局 1963 年版,第 114—115 页。

身与臣民的安全而建的宫堡式建筑,但生活在其中的主人身份相异,一为最高领导阶层的办公及居住用房,另一为地方政权领导的办公和居住用房。不过,二者的功能和形制大体相近,风格上都具有宏壮的特点。

西藏的第一座宫殿为雍布拉康,它位于吐蕃王朝发祥地雅砻河谷地,距今已经 2000 余年。在藏语中,雍布拉康意为"母鹿后腿上的宫殿",传说建于吐蕃第一代赞普聂赤时期。在第二十八代赞普拉脱脱日年赞当政时,从天而降象征佛教的三件宝物,落在雍布拉康宫殿顶上,因而,这个王宫具有了佛教曙光的含义,此后,也成为许多"伏藏"的埋藏和发现之地。在第三十三代赞普松赞干布统一高原,将都城迁往拉萨之前,这座宫殿一直是历代吐蕃赞普的王宫。作为吐蕃王朝的发祥地,雍布拉康仍然是包括松赞干布在内的后世赞普寻求安慰和追忆祖先的圣地,也一度成为松赞干布和文成公主在山南的夏宫。五世达赖当政时期,这里改为格鲁派寺院,后来历代都有扩修,五世达赖喇嘛还在地势最高处的碉楼上加修了四角攒尖式金顶,更为其增添了英气。今天在山南地区的乃东县,我们可以寻觅到这座孤独的古代城堡,它横空出世,耸立在绝壁之巅。高度仅数十米,由于兀立在一片广阔的平原上,给人的印象却很巍峨、雄壮,如同天宫一般。虽然恢复重建后的规模较早期已经缩小,仍然气势逼人。整个建筑墙体为纯石结构,坚实耐久。虽然不过是一座三层的建筑,由于居高临下,体现了至高无上的王权的威严。

从吐蕃第九代赞普布德贡杰起,此后有五代赞普先后在琼结兴建了达孜、桂孜、杨孜、赤孜、孜母琼洁、赤孜邦都六宫,形成宫堡群落,并称青瓦六王宫,是吐蕃兴建的第二大宫堡。当时吐蕃各部落间连年征战,为了保卫六宫,赞普们在六宫周围修建土质城墙与石砌碉堡,城墙与碉堡构筑起一条完整的防线。今天,琼结河畔的青瓦达孜山崖上,昔日的青瓦六王宫只剩下颓垣残壁,但我们依然能透过废墟感受到曾经的宏丽壮观,感受到吐蕃早期君王们在雅砻河谷地带开疆拓土的艰辛与功绩。

布达拉宫(图 1-2)是藏族最为知名的宫殿建筑,也最能代表藏族建筑宏壮的风格。据《西藏王统记》记载,布达拉宫是藏王松赞干布从山南泽当迁都拉萨后修筑的宫殿。[①] 松赞干布迎娶尼泊尔妃子赤尊公主后,赤尊扩建了宫室,加强了布达拉宫的军事防御性。[②]《西藏王臣记》里也有类似的记载。[③]也就是说,布达拉宫最早建于公元 7 世纪。后来因接连遭受雷击和战乱,仅剩下了宫殿最下一层一间用碎石堆砌成的房子和第二层一间狭小低矮的殿堂。1645 年,从政三年的五世达赖喇嘛洛桑嘉措开始重建,1648 年白宫建成,五世达赖由哲蚌寺的噶丹颇章宫移居白宫顶上的日光殿。1690 年,在第巴桑结嘉措的主持下,布达拉宫再一次大兴土木,修建了红宫及五世达赖灵塔等,以后历代达赖又陆续扩建,布达拉宫成为历代达赖喇嘛冬宫居所和供奉历世达赖喇嘛灵塔之地,也一度成为旧西藏政教合一的统治象征。1989 年至 1994 年,国家拨巨资再次进行了全面的维修,现在我们见到的布达拉宫就是历三百余年经营后的样子。

----

① 索南坚赞:《西藏王统记》,刘立千译注,民族出版社 2000 年版,第 40—41 页。"法王松赞干布心自思维,为利益此雪邦有情,我修行处,当往何处? 又思昔我祖拉托托宁协(即吐蕃第 28 代赞普拉脱脱日年赞)乃圣普贤之化身,曾住拉萨红山之巅,我亦当践履先王遗迹,往彼吉祥安适之处而作利益一切众生之事业……于是,王又从此前进,至红山顶修筑宫室而居焉。"

② 索南坚赞:《西藏王统记》,刘立千译注,民族出版社 2000 年版,第 58—59 页。"王与王妃及诸臣下住宫内时,王常于本尊前,献诸供养,并作祈愿,而不外出。赤尊公主自作念言,藏王英俊神武,具诸才能,然绝不外出,定有边患之虞。今当谋以善策,以防未然,念此琉璃钵盂,向之祈请,即能出现无量酒食,可施于藏地众庶,使其充为役使,即能修建一大城堡。念已往白于王。当即召集大伦等内外诸臣,咸来聚议……定于阳木羊年为新城堡奠基。墙高约三十版土墙重叠之度,高而且阔,每侧长约一由旬余。大门向南。红宫九百[九十九]所,合顶上赞普寝宫共计宫室千所。飞檐女墙,走廊栏杆,以宝严饰,铃声震动,声音明亮,建造堂皇壮丽。论其精美,则等同于大自在天之圣妙宫殿,视无厌足,诸宝严饰,并以各种绫绸,作为采帷璎珞,美妙如意;论其威严,则等同罗刹城邑,楞伽布山。诸宫室顶,竖立刀枪剑矛,每十长矛,悬挂红旗,而以彩铃连系之;论其坚固,没有强邻寇境,仅以五人则可守护。又南方城垣,掘有城壕,深约十排,上铺木板,再上铺以火砖,砖上仅纵一马,即有十马奔腾之声。其南方仿霍尔人城堡之式,建扎拉扎喜宫,作为赤尊王妃之寝宫,高达九层,宽敞雄伟,建造布局,极尽精美之能事。王宫及后妃宫二者之间,通以铁桥,桥下帷幔炫目,铃声铿锵,王与王妃相互往来其间。如是王宫妙丽庄严,世绝其伦。修造完竣,王与臣民,大作庆会云。"

③ 五世达赖喇嘛:《西藏王臣记》,刘立千译注,民族出版社 2000 年版,第 14—15 页、第 20—21 页。

　　"布达拉"系梵语,又译作"普陀罗"或"普陀",是古印度南海岸的山名,为观世音菩萨居住地。藏族认为观世音菩萨是藏人的保护神,伟大的吐蕃赞普松赞干布和藏人的神王达赖喇嘛都是这位菩萨的化身。

图1-2　雄伟的布达拉宫

(2016年摄)

　　布达拉宫依山垒砌,建筑材料为土、石、木三种,墙基宽而坚固,外墙厚达2—6米,墙面收分明显。屋内由柱、斗拱、雀替、梁、椽木等组成撑架。铺地和盖屋顶用的是藏语名叫"阿嘎"的坚硬土,这些设计使墙体十分坚固。整个建筑群占地10余万平方米,数千间房屋,主体建筑分为白宫和红宫两部分,红宫居中,主要用于宗教事务,红宫内有历世达赖的灵塔。白宫横贯两翼,是达赖喇嘛生活起居和政治活动的主要场所,布局严谨,错落有致。宫殿主楼外观13层,内为9层,高115.7米。红山与建在山上的宫殿相叠加,高度更是突破了200米。站在布达拉宫前面的广场向上看,只见陡峭的山崖之上群楼重叠、迂回曲折、殿宇嵯峨、气势雄壮,整座建筑显得非常雄伟。

在色彩配置上，布宫的宫墙红白相间，主楼红宫之巅有七座铜鎏金顶，宫顶金碧辉煌，金顶再饰以独具藏族特色的宝瓶、共命鸟、鳌头、火焰宝、摩尼等饰物，红、白、黄色彩对比异常鲜明，在高原蔚蓝天空的映衬下更显得壮丽。今天，人们从拉萨的每一个方向都可以望见矗立在市中心红山上的这座巍峨的宫殿，布达拉宫已成为拉萨乃至整个青藏高原的象征，成为每一个藏民心中神圣的宗教符号。

宗建筑与宫殿建筑总体风格类似，也大多建造在高坡上，以便居高临下，鸟瞰属地。建在平原上的则围筑上高大坚固的围墙，碉楼则是宗山建筑行使防御功能的标准附属设施。作为地方权力中心，宗山建筑基本包括一组建筑群落，以便维持其行政、生活、宗教、防御等诸种功能的顺利实现。

吐蕃王朝时期，"宗"作为一种建筑名称出现，特指区别于普通民居的城堡、营寨一类建筑。帕竹政权时期，"宗"成为西藏地方行政组织的基本单位，大司徒绛曲坚赞废除了之前的万户制度，建立了十三个大宗。清代随着统治范围的扩大，宗一级机构增多，在汉籍中多以"营"称谓"宗"。《卫藏通志》记载西藏共有 90 个营，"边营十四，大营十，中营四十二，小营二十四"。《清理藩部则例》中则记载为 92 个营，中营和小营各多出一个。《大清会典卷九百七十七（西藏官制）》中记载前后藏共有 124 个营，前藏 92 营，后藏 32 营。其中前藏 92 个宗即《清理藩部则例》中记载的 92 宗。①

西藏的宗建筑大多已随历史灰飞烟灭，从仅存的几个宗建筑遗址中我们依然可以在想象中重构出它们曾经的风貌。它们当中知名度最高的是江孜宗山，1904 年江孜军民对抗英军侵略的江孜保卫战使江孜宗山名闻天下，当时，江孜军民以最原始的火枪、土炮、大刀、梭镖、石头对抗强大的英军，死守城堡，在后援无力的情形下，坚守了一百天，直至弹尽粮绝。这种坚守除了靠军民的英雄气概外，靠的就是险要的地势和崖上虽然简陋却十分有效的防御设施。

---

① 王斌：《西藏宗山建筑初探》，南京工业大学 2006 年硕士学位论文，第 17 页。

今天,宗山古堡遗址矗立在江孜古城中央的悬崖峭壁上,整个古堡群错落有致地雄踞山顶,伟岸挺拔。宗山的绝对高度并不高,只是在开阔的年楚河平原上拔地而起,在石山上又耸立着白墙红顶的城堡,气势一下子就恢宏起来。

日喀则市的桑珠孜宗堡,在规模和气势上仅次于布达拉宫。日喀则是帕竹政权时期卫藏的十三个大宗之一,也一直是后藏的政治经济中心,桑珠孜宗堡曾经是高踞山顶的城堡式地标建筑,原建筑毁于"文革",2010 年由同济大学建筑设计研究院完成修复重建。重建后的桑珠孜宗堡保持了因山就势,与山体浑然一体的历史沧桑感,墙体结合山体,顺着山势形成了蜿蜒的交界线,使宗堡看上去仿佛从岩石中生长出来的一般,它也再次成为日喀则市的地标式景观。

2. 寺院建筑群落

藏区大多地势开阔、环境荒凉、人烟稀少。行走在这里的人们,目光往往被良久才会出现的零星的房屋或人群聚集的村落吸引,不过在藏区最醒目的建筑往往不是民居,而是寺院建筑群。它们或依山而建,与背后的山连成一体;或矗立在谷地,成为单调原野上的一抹亮色;或被民居包围,金色的屋顶成为村落现实与灵魂的双重中心。

西藏第一座佛法僧三宝具足的寺院是坐落于山南地区扎囊县的桑耶寺,始建于公元 8 世纪的吐蕃王朝时期。桑耶寺规模宏大,殿塔林立,其建筑格局模拟了密宗曼荼罗(坛城)的格局形式,忠实地体现了佛教的宇宙观:中心的乌孜大殿是全寺最高大壮观的建筑,代表世界中心之须弥山。主殿两旁有象征日、月的两座小殿。乌孜大殿共三层,每层的高度在 5.5 米到 6 米之间。底层为藏式建筑,中层有浓郁的汉式特点,上层为印度风格,由藏、汉、印三地的工匠设计施工。佛教认为,须弥山是大地的中心,其四周被九山八海环绕,海之中有四大洲八小洲。乌孜大殿四方各建一殿,即象征四大部洲;四殿近旁各有两座小殿,象征八小洲。寺院坐北朝南,全部建筑被围在一道椭圆形围墙内,四面各开一座门,这座围墙即代表九山八海最外侧的铁围山,须弥山、四大洲、八山八海和环绕须弥山的铁围山构成佛教中一个小世界,这是佛教基本的空间观念。寺院还建有红、绿、黑、白四塔,塔周围遍架金刚杵,形成 108 座小塔。此外,还有护法神殿、僧舍、经房、仓库等零星建筑。

佛教认为有情世间无穷无际,一千个世界集合为一"小千世界",一千个小千世界集合为一"中千世界",一千个中千世界集合为一"大千世界",合小千、中千、大千总称为"三千大千世界",在宇宙中存在着数不尽的三千大千世界,佛经中常说"十方恒沙世界"、"十方微尘世界",足见宇宙的浩渺广大。以桑耶寺为代表的曼荼罗结构的寺院建筑群正好体现了佛教宇宙观在空间上的宏阔,成为后来许多佛寺效仿的对象,譬如江孜的白居寺、日喀则昂仁县的日吾其寺、阿里扎达县的托林寺,等等。

位于拉萨东郊达孜县境内海拔 3800 米的旺波日山上的甘丹寺,始建于1409 年,是格鲁派的第一座寺院。甘丹寺历数百年苦心经营,形成了规模宏大的建筑群,它依山而立、规模庞大,充分体现出传统藏传佛教寺院建筑因地制宜、群楼重叠、巍峨壮观的特点。类似甘丹寺这样依山而建的寺院还有哲蚌寺、扎什伦布寺、塔尔寺、萨迦北寺等。

位于拉萨市西郊海拔 3800 米的根培乌山上的哲蚌寺是格鲁派六大寺庙之一,也是藏传佛教最大的寺院。哲蚌寺建筑群由五十多座建筑组成,沿山势逐层铺展,建筑连绵起伏,鳞次栉比,俨然如一座山城。寺内的主要建筑大多是明清两代陆续修建的,其中主殿措钦大殿雄伟壮观,有 183 根立柱,柱上的雕刻十分精美,还有精美的织绣经幢、挂幢、唐卡以及佛像、壁画等加以修饰,同时可以容纳八千人诵经。位于日喀则尼色日山下的扎什伦布寺是后藏最大的寺庙。寺院依山坡而筑,背附高山,坐北向阳,殿宇依次递接,疏密均衡,和谐对称。四周筑有沿寺势蜿蜒迤逦、周长 3000 多米的宫墙。青海塔尔寺始建于公元 1379 年,是西北地区的佛教中心。寺院建筑分布于莲花山的一沟两面坡上,殿宇高低错落,气势壮观。位于寺中心的大金瓦殿,绿墙金瓦,灿烂辉煌,是该寺的主建筑,它与周围的其他建筑形成了错落有致、布局严谨、风格独特,集汉藏技术于一体的宏伟建筑群。萨迦北寺位于萨迦县本波山山岩下,经萨迦派贡嘎宁布、索南孜摩、扎巴坚赞几代法王不断扩建,逐渐形成了逶迤重叠、规模宏大的寺院建筑群,据传北寺共有建筑 108 座,只可惜大多数建筑毁于 20 世纪 60 年代了。

藏区还有一些大寺院建在地势开阔之处,虽没有依山而建的寺院那样明晰的层次感,但往往规模大、占地广,其建筑格局多以主佛殿为中心,四周环绕数量众多的大小建筑。主佛殿顶部大多采用金色的鎏铜瓦,饰以铜质鎏金法轮、阴阳兽、宝瓶、胜幢、雄狮等,显得金碧辉煌,气势磅礴。比如安多藏区最大的寺院、位于甘肃省甘南州的拉卜楞寺就是其中的代表。

3. 碉房与碉楼

2005 年,《中国国家地理》杂志社推出了一期"选美中国特辑",它以 512 页的大篇幅盘点了中国境内多姿多彩的美景,其重视自然造化和环保理念的新审美标准也极大冲击了传统的审美习惯。此次评选的项目大多数是纯粹的自然景观,包括最美的山、湖、沙漠、森林、峡谷、瀑布、草原、沼泽等,其中只有两项与人类活动息息相关,即最美城市和最美乡村。最终上榜的"中国最美乡村古镇"一共六个,处在嘉绒藏族腹地的"丹巴藏寨"排名第一。

"最美乡村"的评选标准共五条①:

(1)地域风土特征鲜明、历史积淀丰厚、特色独具;(0—40 分)

(2)自然环境优美,舒适宜人;(0—20 分)

(3)村镇格局清晰,建筑美丽,保存情况良好;(0—20 分)

(4)居民很好地维系了传统和文化习俗;(0—10 分)

(5)没有过度的商业开发,在文化形态兼容并蓄的同时,保持本土性。(0—10 分)

"最美乡村"的评委之一、著名的风光摄影家王建军对"丹巴藏寨"的评语

---

① 《中国国家地理·选美中国特辑》(精装修订版)2005 年,第 488 页。

是:"美丽的丹巴就坐落在川西高原的深山峡谷中,大渡河从山间奔腾流过。丹巴的藏寨就依山傍水,面向太阳、坐落在山腰,其中,最有特点的是甲居、中路等村寨,它们和大自然浑然一体,表现出中国西部那种天人合一的神奇和壮美景观。"①

事实上,由于嘉绒藏族生活在高山峡谷纵横交错的横断山脉,这里山高水深,岭谷高差多为 1000—2000 米,坐落在壁立的山体与局促的河谷平原唇齿相依地势之上的嘉绒藏族村寨,其自然和人文景观大多具有与"丹巴藏寨"一样神奇、壮美与天人高度和谐的特征。其实在另一些获取石材相对容易的藏区也有大量碉式建筑。石硕在《青藏高原碉楼研究》一书中勾划了藏区碉楼密集分布的大致分区域,一为青藏高原东南部的横断山脉地区,二为青藏高原南

图 1-3　八角碉楼

(摄于丹巴县梭坡古碉群)

部今西藏的林芝、山南和日喀则等地区。分布碉楼的广大区域内,碉楼最密集区域还是横断山脉高山峡谷地带,其中最具代表性的是嘉绒地区的碉楼(图1-3),我们可以透过碉房和碉楼来展示藏区建筑的宏壮。

嘉绒藏族的建筑最主要的是碉房和碉楼,二者都是体积庞大石头建筑,方形、厚墙,外形下大上小(自下而上逐渐收分,倾斜 5°—10°)。其中碉房为民

---

① 《中国国家地理·选美中国特辑》(精装修订版)2005 年,第 494 页。

居建筑,楼层数以三层至五层居多。碉楼则为军事防御建筑,高达三四十米。这种建筑在汉文史籍中最早见于《后汉书·南蛮西南夷列传》的记载:

> 冉駹夷者,武帝所开,元鼎六年,以为汶山郡。……皆依山居止,累石为室,高者至十余丈,为邛笼。

目前民族史学界的主流观点,认为《后汉书》中提到的冉駹夷就是嘉绒的先民。这段文字指出了碉式建筑的最大特点在于"依山居止,累石为室"。最早考察嘉绒族源问题的马长寿梳理出了嘉绒人的变迁脉络,汉代的冉駹夷——隋唐时的嘉良夷——今日的嘉绒藏族。学者在归纳嘉绒藏族这一演变谱系时,嘉绒人独特的建筑是他们作出判断的重要依据。冉駹夷是"依山居止,累石为室",嘉良夷是"故垒石为而居,以避其患。其高至十余丈,下至五六丈,每级以木隔之。基方三四步,上方二三步,状似浮图。于下级开小门,从内上通,夜必关闭,以防盗贼"(《隋书·附国》)。而今天,我们去往嘉绒藏族生活的大渡河上游区域,最引人注目的就是耸立在峡谷两岸高大、威严的碉楼,以及与环境高度协调、极富美感的石头碉房。具有高超工艺要求的嘉绒藏族石头建筑成为这一群体的标志性特征。

在人类源远流长的建筑史上,以石头为主角的建筑曾经谱写过十分辉煌的篇章。石材是存在于大自然中最普遍,也较容易开采的材料,石头所具有的物理与化学特征满足了早期人类对居所坚固性的要求,因为厚重与坚硬,用石头建造的房屋可以为人们遮风避雨,也可以从实体和心理两方面为人们抵御来自外界的侵扰。西方建筑史上,在混凝土、玻璃和钢铁开始大行其道之前,石材一直是建筑当然的主角,是建筑中使用最广泛的材料。今日的欧洲留下了大量古希腊、古罗马、中世纪、文艺复兴直至 20 世纪前夜的伟大的石材建筑,这些建筑充分体现了石头建筑严谨、宏丽、粗犷、自然的风格,具有一种阳刚之气。

嘉绒地区大多山高谷深,开阔地少,地质构造脆弱。为了适应复杂的地形、节省有限的空间,其聚落一般依山就势,以靠近水源的向阳避风地带作为建村开寨的首选之地。狭窄河谷地带的村落大多背山面水，沿江河呈带状排列；建在山坡台地的村落，由于地势相对开阔，村落的布局整齐有序；地处高山的建筑往往沿着等高线排列，或被掩映在群山之中或循山势高低起伏。无论哪种类型，因为与地势相呼应，极富节奏与韵律感，呈现出群体布局的整体和谐美。

历史地看，嘉绒藏族是一个与石头有很深联系的民族。考古发现，在川、滇、藏交汇的横断山脉地区有大量数量可观的石棺葬墓群，其中包括生活在泯江上游和大渡河中上游区域的嘉绒藏族的墓葬群。石硕先生指出"在横断山脉，石棺葬的分布与碉楼的分布存在着惊人的对应关系"①。

碉楼是由哪一个民族率先创造的？学界有人以为是羌族，有人认为是嘉绒藏族。从现存建筑的格局看，碉式建筑呈片状或带状分布于藏、羌地区，也有零星点状分布于彝、纳西、傈僳等民族地区。藏族地区又主要分布在西藏的昌都、林芝、日喀则等地，以及嘉绒、扎巴、里汝、木雅、纳木依、贵琼、却域等藏族支系生活的地域。不过，从碉式建筑的种类、数量、分布等方面综合考察，嘉绒藏族地区的石雕建筑种类最丰富，数量最多，分布最密集。我们有理由认为碉楼文化根植最深的是今天的嘉绒藏人。今天嘉绒藏族的居室依然是"邛笼"式的石碉建筑，甘孜州的丹巴县更是以保存古代碉楼数量最多、质量最完好被誉为"千碉之国"。

（三）经幡林

行走在藏区，随处可见风中猎猎飞舞的布、纱或绸制经幡，这些印有宝马、吉祥动物图案、陀罗尼咒语、六字真言、经文箴言、图符佛像的小旗被固定在门头、绳索、树枝上，在大地与苍穹之间飘荡摇曳，构成了一幅接天连地的壮丽图景（图1-4）。

---

① 石硕等：《青藏高原碉楼研究》，中国社会科学出版社2012年版，第235页。

图1-4 经幡在大地与苍穹之间飘荡摇曳

经幡藏语叫"隆达","隆"意为风,"达"意为马,所以,经幡也被称为"风马"旗。最常见的风马旗内容由拼图和经文两部分组成,中心主画为"白马驮经"(着盛装奔走的宝马身驮摩尼"三宝")。中间的走马,大多为一匹,也有两匹、四匹的。这些马藏语称"塔觉",亦称之为"绿马"、"骏马"或"祭马"。在古印度的神话里,马是诸神之王帝释天的坐骑,它又被叫作"宝马"。拼图上方左右绘有日月,四角绘有宇宙四兽,常见的是北方金翅大鹏鸟(或鹰)、南方天龙、西方红虎、东方雪山白狮(或牦牛)。其他拼图绘有佛、菩萨、度母、圣僧、师祖、大师、护法的造型。还有象征"身、语、意"和"佛法僧三宝"的曼陀罗、佛塔、日月、"卐"雍宗图符、朗久旺丹（十相自在图）、吉祥图徽及各种供养受持图像等；有的"风马"在四角只书有"龙"等动物的藏文名称，不绘具体图样。风马旗中的"宇宙四兽"是汉地青龙、朱雀、白虎、玄武的变化，既象征宇宙的结构，又分别象征生命力（金翅大鹏鸟）、繁荣（天龙）、身体（红虎）和吉祥（雪山狮子），居中的"马"则代表灵魂（图1-5）。

图1-5　风马

　　经幡的颜色通常有蓝、白、红、绿、黄五种，五种颜色代表自然界的五种基础物质：蓝色是天空，白色为云彩，红色似火焰，绿色为河流，黄色即黄土，也就是大地。同时，五色又被赋予诸多宗教意涵：一与密宗的五方佛相关联，中央是代表法界体性智的毗卢遮那佛，东方是代表大圆镜智（金刚智）的阿閦佛，西方是代表妙观察智（莲花智）的阿弥陀佛，南方是代表平等性智的宝生佛，北方是代表成所作智（羯磨智）的不空成就佛。二与苯教和佛教中构成宇宙的五大元素"地、水、火、风、空"相联系,黄色之于地,绿色之于水,红色之于火,蓝色之于风,白色之于空。三与金、木、水、火、土五行一一对应,"金"对应白色、"木"对应绿色、"水"对应蓝色、"火"对应红色、"土"对应黄色。家里插挂经幡时,必须以家中长者的五行命相为主幡的颜色,如属木则用绿色、如属金则用白色。而主幡的镶边则运用五行相生之原理,即水生木、木生火、火生土、土生金、金生水。如主幡用绿色,象征木,而水生木,则镶边要用蓝色,依次类推,借五行相生相克原理寓意循环往复,寓意生命不息。

还有一种风马纸(长宽各几厘米的正方形五彩纸片,同样印有宝马驮经的图案),嘉绒藏人在敬奉山神或出门远足翻越山峰、走过湖泊、江河、桥梁、隘口时,都会下马下车脱帽、虔诚地高呼"哈—加—路"(神佑我),并向空中抛洒,以示向地下的龙(鲁)神,地上的年(念)神和天上的赞神的敬畏和顶礼膜拜。身处抛撒五彩"风马"纸的现场,只见五色纸片纷纷扬扬,飞旋舞动,轻轻洒落在神山圣湖、垭口岩穴、嘛呢经堆、寺院佛殿的周围,仿佛天降花雨,场面十分壮观。

为什么在藏区悬挂经幡、抛撒风马纸如此普遍,这其实应是远古巫术思维的遗留。巫术思维告诉我们,天地神人之间原是相通的,连接他们的可以是一些具有特殊能力的人,即"一些最能干的人垄断了对世界现象与神秘力量的解释,并把他们转化为一种秘密的知识和技术……当这种权利进一步集中,就形成了文化的'卡里斯玛'即思想的权威"①。这些人或为具有半人半神性质的巫师,或者就是代表"天"行使掌管天下之职的天子(酋长、部落首领),藏区的则为赞神之子——赞普。连接天地的还可以是"天梯",一般是一些高耸入云端的神山,也可以是悬挂在或飞舞在天地间的风马。经幡在风中沙沙舞动,风马纸在风中向上飘动,均象征着白马复活,它可以将民众的意愿、期望传达给居于上天的神灵,当然也可以将神灵的意旨播撒到凡界。就这样年复一年、

---

① 葛兆光:《中国思想史》(第一卷),复旦大学出版社 2001 年版,第 13 页。

日复一日,藏民通过自己的方式从未断绝与充盈在天地间的神灵互诉衷肠。

我们发现藏民悬挂经幡绝不会只零星地挂上两三条,而是一条接着一条,有时一片山头全部被五颜六色的经幡覆盖,在纯净蓝天的背景下造成极为强烈的视觉冲击。这是因为他们推崇宏壮的审美观念,人类在这里创造的艺术必须与保存了大量蔚为奇观地质遗迹的青藏高原相匹配。海拔很高的山峰、延绵不绝的山脉、宽阔的布满大地的湖泊、辽阔的高山草甸、成群的牛羊,一切自然物都是巨大的,产生于此的艺术也应当是波澜壮阔的。

二、宏壮:大地之上的艺术

铺展在天地间的巨型唐卡,宏伟的寺院建筑群、高大的宗山建筑、高耸挺拔的碉楼,悬挂在佛寺周围和山间铺天盖地的经幡,在天地间飞舞的隆达,此类艺术扎根于大地之上,与周围的自然山川和谐呼应,构成了藏人赖以生存的聚落空间。让我们想起人类童年期那些与自然密切相关的艺术,埃及的金字塔、印度和波斯的神庙、古巴比伦的空中花园、史前的巨石建筑,等等。它们是被黑格尔称为具有"东方原始艺术的泛神主义性格"[1]的象征型艺术。也想起20世纪60年代末出现于欧美的大地艺术,厌倦工业文明和都市文明的艺术家们重新回到自然,以大地为纸,自然材料为笔,创造了立足于自然的艺术,部分是为了向人类早期建立在自然界的艺术杰作致敬。

无论史前的象征型艺术,现代的大地艺术,还是藏族以宏壮为精神特质的艺术,它们的共同基础是一个极为重要的哲学概念——"大地"。"大地"是个值得一说的语词。从字面看,大地指土地、地面。将大地仅作为一个纯粹的概念时,我们发现,它是如此基本,以至我们找不到更基础的概念来进一步诠释它。事实上,它也不需要我们的进一步诠释,我们——说者与听者——在其基本义项上早已经达成了共识。但另一些时候,当我们说这个词时,它又意蕴无

---

① ［德］黑格尔:《美学》(第一卷),朱光潜译,商务印书馆1979年版,第92页。

穷,非常复杂。因为,大地不仅仅指那个我们用眼睛看见的物理对象,它还包含其他的身心感受,我们双脚踏在上面的坚实的触感,在记忆中复现那块熟悉的土地时伴随而来的熟悉的画面、声音和气味,以及围绕这个物理对象,我们产生的一种强烈的情感,在这种情感里,历史的、地理的、血缘的、人伦的因素缠绕一体,难以分辨。在这种情况下,"大地"就不再是一个抽象的、科学性的概念,而是一个诗性的语词,既具体又富于情致。

哲学史上,是德国人赋予"大地"这个语词以灵魂,并成为分析人与世界关系的重要的关键词。宣告"上帝已死"的尼采为了使孤寂的人类再次找到存在的依据,提出人必须重新寻找根基,这个根基就是"大地"。他在《查拉图斯特拉如是说》中说:"兄弟们,我只求你务必忠实于大地,而不要轻信那些奢言超大地之希望的人!……在往昔,亵渎上帝是一种大不敬的行为,然而,上帝既已死亡,因此也就无所谓什么上帝之亵渎者了。现在最可怕的罪恶便是亵渎大地,是视'不可知之心'远高过大地的意义!"①尼采认为在没有上帝的世界里,能予人以意义的是大地。"'大地'一词被纳入现代哲学之中,或归功于尼采。但阐释其原初性,使其内涵丰富、充满意蕴的却是海德格尔。"②在《艺术作品的本源》中,海德格尔引入了"大地",他说:"同时也照亮了人赖以筑居的东西。我们称之为大地。……大地是一切涌现者的返身隐匿之所,并且是作为这样一种涌现把一切涌现者返身隐匿起来。在涌现者中,大地现身而为庇护者。"③大地为居民提供了丰厚的馈赠,是人类活动和繁衍的坚实基础,藏族的传统建筑充分结合地貌地景、扎根大地、融入自然使其在景观上富于变化且充满生机。因为受藏传佛教的深刻影响,藏人制作了许多"与神灵交流"的大地艺术,遍布在大地之上的风马旗以及以慈悲之眼温柔地俯瞰有

① [德]尼采:《查拉图斯特拉如是说》,余鸿荣译,北方文艺出版社1988年版,第5页。
② 孙柏林:《论海德格尔"大地"之思的根源》,《云南大学学报》(社会科学版)2015年第1期。
③ 孙周兴选编:《海德格尔选集》(上),上海三联书店1996年版,第263页,

情众生的巨大佛像等赋予藏族的人间世界以灵魂，使得藏区的人文地理景观张弛有度。

第二节 繁 复

六朝时期，人们提出美有"芙蓉出水"和"错彩镂金"两大品类。宗白华先生认为这两种美"代表了中国美学史上两种不同的美感或美的理想"①。不过在汉民族的审美标准里，"芙蓉出水"式的简约淡泊被视为最高的审美类型，价值上高于"错彩镂金"。藏族的审美与此形成了鲜明对比，在他们的生活世界与艺术世界里，"错彩镂金"一直是主调。藏族审美无论是宗教性的唐卡、壁画、寺院内饰，还是世俗的服饰、建筑、家具装饰、日用器皿的设计等都表现出对繁复的偏爱。

一、"繁复"诸现象

（一）唐卡

唐卡是藏族独具特色的一种绘画艺术，一般被解读为卷轴画。比如《藏汉大辞典》的解释"卷轴画，画有图像的布或纸，可用轴卷成一束者"。②《西藏唐卡》一书解释为"彩缎装裱而成的卷轴画"③。西方的藏学家大多采用意大利著名藏学家图齐 20 世纪 30—40 年代的论点，认为唐卡意为"能卷起者"④。近年来有大量印制精美的唐卡画册出版，在这类偏重于普及性、介绍性的出版物里，编者大多直接将唐卡解释为藏族的卷轴绘画，不过在为什么唐卡（Thang-ga）等于卷轴画上少有人能说清楚，例如《唐卡奇珍：中国古代唐卡

---

① 宗白华：《美学散步》，上海人民出版社 1981 年版，第 34 页。
② 《藏汉大辞典》（上册），民族出版社 1993 年版，第 1140 页。
③ 西藏自治区文管会编：《西藏唐卡》，文物出版社 1985 年版，第 14 页。
④ Tucci, *Tibetan Painted Scrolls*, reprinted by Rinsen Book Co.Ltd.,1980,p.267.

艺术鉴赏》中,编者这样解释"'Thang'表示广袤无边的空间,'ka'指的是空白被填补,合起来指的是卷轴画"①。

由谢继胜主编,谢继胜、熊文彬、罗文华、廖旸等著的两册皇皇巨著《藏传佛教艺术发展史》中用较大的篇幅详细讨论了唐卡的语源、起源以及唐卡与汉地卷轴画的关系,对唐卡语源初步得出一种解释,他们认为"唐卡"之"唐"(thang)很可能出自"thang"所具有的"松胶"的含义,因为在唐卡绘制过程中有一道重要的工序,就是在绘制唐卡前将画布铺开刷上一层胶脂,略干后再涂一层胶脂调和白灰或其他石粉涂料,干后用硬物研磨砸至细密后才开始在上面绘画。其目的是为了使底部平滑无孔,光洁明亮。而中国古代绘画对画布进行处理所用的胶就是松脂,汉地古代的卷轴画就是用这种松脂处理画布的。② Thang-ka(或 ga)可以翻译为"有胶物",大概用的是藏人常用的以特征指代物本身的借代法。

对唐卡的起源,过去一般认为这种艺术源于印度,此种观点主要盛行于西方学者中,例如图齐、巴勒、考斯拉等。谢继胜等认为唐卡的这种艺术形式并非来自印度,它的发展演变与汉唐至宋元的中原汉地卷轴画的形成演变过程相一致,发源于蕃汉交往密切的敦煌,沿着佛教绘画的轨迹,由吐蕃旗幡画演变而来。③

唐卡的题材十分丰富,有宗教画、人物传记画、历史画、民间故事画、风俗画、建筑画,等等。这些各不相同的绘画内容,其审美特色却表现出高度一致性,即繁复、绚烂而非简淡、雅致。观看大量唐卡作品,仔细审视,不难发现造就唐卡绘画繁复审美特色的原因。

---

① 李飞编著:《唐卡奇珍:中国古代唐卡艺术鉴赏》,西泠印社出版社 2011 年版,第13 页。

② 谢继胜、熊文彬、罗文华、廖旸等:《藏传佛教艺术发展史》(上),上海书画出版社 2010 年版,第 104 页。

③ 谢继胜、熊文彬、罗文华、廖旸等:《藏传佛教艺术发展史》(上),上海书画出版社 2010 年版,第 111 页。

1. 色绘背景的技法

画师绘制唐卡时有几道重要的程序,先是在打磨好的画布上起草构图,接着按照之前的草稿构图对唐卡进行上色,这是一项十分细致的工作,画师要按顺序对画面的所有部分上色。之后,为了弥补平涂着色立体感的不足,以晕染法使颜色过渡自然流畅,赋予事物真实的质感与立体感。用此种技法绘制唐卡,色彩、画面会覆盖唐卡的各个部分,绝无遗漏。西洋油画的技法在画面被颜料全覆盖方面也类似,传统的透明薄涂、不透明厚涂或二者折中的画法,颜料多层次上色,使画布被安排得满满的。今天流行的直接着色法虽然基本上是一次画完,但为使一次着色后达到色层饱满的效果,也在绘画过程中大量使用平涂、散涂和厚涂法,使颜料体现出层层堆叠的效果。反观中国画,尤其是水墨画有所谓"无画处皆成妙境"的说法,直接用黑墨在纸上绘画物像,留下或浓或淡的墨和大幅的"留白",使中国画显得疏朗清雅,别有一番初发芙蓉的韵味。

在绘画唐卡中最常见的是前面提到的根据画面要求用各种彩色颜料绘制而成的"彩唐"。此外,还有几种以单一颜色为画面底色的绘制方式:用金色颜料画背景,红色朱砂线、黑色墨线勾勒形象的叫"金唐",是唐卡中的贵重品种;用朱红色颜料作背景,用金色、红色、白色等白描线条造型的叫"朱红唐";在黑色单一底色上,用白、金、红三色描绘的叫"黑唐",画面色彩对比十分强烈。可以发现唐卡是必须有底色的,即使所要表现的内容十分简单,由于色绘背景的运用,简单的画面也变得复杂起来。

2. 繁缛铺排的内容

大多数唐卡内容往往十分繁杂,无论是以神佛菩萨、帝王后妃、高僧大德为主题,还是表现藏族社会生活、历史事件、节庆仪式,抑或是单纯表达某种宗教观念、象征图符,其表现方式往往不忘铺排,令观者眼花缭乱。画师往往不受时空限制,在同一画幅中上绘天堂、中描人间、下写地狱,或者将按时间之流顺序发生在事件聚合在一处,以共时性表现历时性。

图1-6 《五世达赖喇嘛传》

(出自画册《看不见的唐卡》)

以人物为中心的唐卡,画面不止于仅表现这个中心人物,而是在其四周为他匹配诸多相关的神、人、物、法器、花草纹等,形成一个琳琅满目的世界。例如现存于布达拉宫的18世纪《五世达赖喇嘛传》组画唐卡中的一幅(图1-6),画面中心的是五世达赖喇嘛阿旺罗桑嘉措,他头戴班智达帽,上唇留有胡须,左手持莲华,右手行触地印,坐在法座上俯视着画面下方的布达拉宫。在他座前的供桌上放着嘎巴拉鼓、礼瓶、木瓜等供品,座前有几位弟子供奉。左上角,观音化身的法王松赞干布完成了一幅度母像。顶上正中的位置是宁玛派祖师莲花生拥抱明妃的双身像化身,莲师左手托宝瓶,右手持杵。莲花生左边被红、金、蓝三色光晕包裹的是住在天界的莲花生大师,他将一束清净之光照射在其右下方的五世达赖那里。光线的末端站着莲花生的明妃益西措杰，她将一个嘎巴拉碗交给达赖。画面右上方则是益西措杰化身为绿度母，将八大救难度母的光摄入心里，下方空行母的光摄入脐间。同时，她化为一团绿光，摄入达赖喇嘛心里。空行母右边的马头金刚也是益西措杰化现出来的宁玛派主尊形象。画面正下方的布达拉宫里，五世达赖坐在布达拉宫里，同时接受莲花生和不动佛的智慧灌顶。

这幅唐卡表现的是五世达赖获得莲花生宁玛派教法的历史。中心人物自然是居于画面中心的五世达赖，围绕达赖的人物无论松赞干布、莲花生、益西措杰还是度母均与达赖有着千丝万缕的联系。西藏奉行观音崇拜，藏王松赞干布被视作观音的化身，在他执政期间建起布达拉宫，"布达拉"来自梵文 po-talaka 的译音，是指观音在南海的道场。后来，五世达赖重建布达拉宫，这里又成为历代达赖喇嘛冬宫居所。松赞干布完成的度母画像，以及益西措杰化身的绿度母，在藏传佛教看来，度母是观世音化身的女性菩萨。画面中反复出现的莲花生是公元 8 世纪的印度乌仗那大成就者，藏传佛教最古老的宁玛派的祖师，五世达赖时，达赖的格鲁派一度与宁玛派关系密切，达赖曾亲自向宁玛派上师学习密法并修行。

一幅名为《五世达赖喇嘛传》的作品因了众多相关人物的加入，加上作为画面背景的山脉、溪流、花草、云彩，整幅画就显得异常热闹起来。

还有一类唐卡凸显了作为主题的中心人物或神佛菩萨，画面相对单一，但是由于画师或者将神佛的背光或火焰宝座铺满画面（图 1-7，明代《喜金刚像》，布达拉宫藏品），或者在细节处绘满佛教的象征图符和装饰图案（图 1-8，《降魔金刚》，13 世纪，布达拉宫藏品），或者以近似于拷贝且稍加变异的方式作《百佛图》（图 1-9）和坛城四周排列整齐、构造相似的佛像、祖师像、护法神像（图 1-10）也同样使画面变得复杂。

图 1-7 是一件织造的唐卡作品，处于中心的是藏传佛教无上瑜伽部本尊神之一的喜金刚。这尊八面十六臂的喜金刚，身蓝色。大块的红色锦缎既是

图1-7 《喜金刚像》
(出自《看不见的唐卡》)

1-8 《降魔金刚》
(出自《看不见的唐卡》)

画面的背景,也构成了喜金刚的火焰背光。图1-8是缂丝唐卡作品,画面中心是蓝色身、一面二臂的降魔金刚,这幅作品中充满了佛教的各种象征图符和装饰图案,画面最外围的部分是佛教吉祥图案"八瑞相",包括宝伞、金轮、宝瓶、莲花、吉祥结、宝幢、右旋海螺、金鱼共八种,上下各列四种。在不同画面的过渡部分,则绘满了莲花瓣纹和西番莲纹。图1-9"释迦牟尼佛"金唐为清代作品,中心为释迦牟尼佛成道相,佛祖托钵而住,顶覆华盖,最上端为莲花生、宗喀巴、阿底峡三祖师,周围整齐地排布着二百一十尊佛。

表现抽象宗教观念的唐卡,如朗久旺丹图、六道轮回图、坛城图等同样表现出繁复的特征。例如收藏在布达拉宫的15世纪的《五守护佛母坛城》(图1-10)。坛城(mandala)是佛教密宗的一个重要图符,古印度密教行者修法时,为防止魔众的侵入,在修法场地筑起圆形或方形的土台,国王即位或剃度僧人,均在台上举行仪式,迎请诸佛、菩萨亲临作证,并在台上绘出他们的形象。"后来被佛教借用为举行秘密法事的处所。在坛城中，弟子们要接受上师的秘密灌顶，开启智慧修行，直到成佛……坛城内布置的是所修的秘密本尊的佛国世界的众神，以及他们所住的宫殿，也是修行者要观想的对象。"①为了方便修行和供奉，坛城被画下来，形成了专门的坛城唐卡。

五守护佛母是密教中的五个咒语，后来发展成五位女神——随求佛母、大孔雀佛母、大千催碎佛母、大寒林佛母、密咒随持佛母——她们能保护信徒远离痛苦和不幸。该坛城是根据《大随求陀罗尼经》形成的，整个坛城从内向外共七层。中心圈是

图 1-9　《百佛图》

（出自画册《唐卡奇珍：中国古代唐卡艺术鉴赏》）

五佛母中最核心的随求佛母，白色身，四面八臂；第二圈为其他四位佛母，显现为蓝、黄、红、绿四种颜色；第三圈为十位低级的方位神；第四圈是日、月、金、木、水、火、土及计都和罗睺九曜神，他们主宰人间的吉凶祸福；第五圈是二十八星宿；第六层是方城，有东西南北四个城门，城门由四大天王把守，这四个天王完全是西藏风格的打扮；第七圈又恢复了圆形，四角有四个拱形佛龛，每个佛龛供一神像，左右两旁由僧人护持。唐卡的上方排列着十尊像，从左边数前三位为释迦牟尼佛、大持金刚、大成就者，后七位为西藏祖师像。下方排列着八位护法神，左边的大方框里则是着华贵衣饰的供养人的画像。还有一些更为繁复的坛城唐卡，例如现藏于布达拉宫的 19 世纪的《刺绣普慧坛城图》（图 1-11）。形成坛城唐卡繁复风格的主要原因是这种层层环绕、每层都设计了复杂内容的构图方式，佛教中常见的六道轮回图也是如此。

---

①　朱庆辰主编：《看不见的唐卡》，五洲传播出版社 2016 年版，第 152 页。

图1-10 《五守护佛母坛城》

（出自《看不见的唐卡》）

3.组合丰富的色彩

初看唐卡，率先吸引人的是它的色彩，唐卡用色一般比较大胆，成品大多色泽艳丽、色彩对比强烈、颜色组合丰富。唐卡在用色上具有自己独特的标准，形成了鲜明的特征。

（1）五种底色确立作品基调，形成固定程式

唐卡多为重彩画，其底色主要有红、黑、蓝、金、银五种，形成所谓"黑唐"、"红唐"、"绿唐"、"蓝唐"和"铅唐"。不同的题材会选择不同的底色来呈现：

红唐卡以红色为底色，适于表现高贵与富丽的内容，多绘佛本生故事；黑唐卡多绘护法神、金刚一类镇妖降魔的内容，用金色以白描形式勾线，漆黑的底色上施以金色颜料，画面气氛厚重而神秘；蓝唐色调明朗、喜庆欢乐，多绘欢

喜佛、胜乐金刚一类题材；以金色作底描绘的金唐，画面多用黑线绘制，显得金碧辉煌；铅作底色，黑线描绘的铅唐，色彩单纯，画面典雅而高贵。

唐卡虽有不同底色确立的色彩基调，但大多数作品并不会简单地呈现出那个单一的背景色，而是在此基础上作各种调整，比如将背景色作深浅的渐变，或者在其上绘制装饰图案以增加丰富性。

事实上，大量唐卡是在白色的底子上绘制而成的，画师在白底画布上先画主画面，再画山水、建筑、花草、鸟兽等背景，然后着色、然后晕染、然后勾线，这样的唐卡就不再用单一颜色为背景，而是因表现内容的需要被赋色，作品表现力增强。

图1-11　《刺绣普慧坛城图》

（出自《看不见的唐卡》）

（2）大量使用饱和度高的色彩，营造瑰丽灿烂的氛围

藏族生活在空气稀薄、光照强烈、透明度高的青藏高原，他们形成了偏好高纯度色彩的审美倾向。唐卡中使用频率最高的五种颜色为红、黄、蓝、绿、白，前三种就是纯度最高的三原色。

藏文化中，五种颜色除了与自然界的五种基本物质相关，红色的火焰、黄色的大地、蓝色的天空、白色的云彩、绿色的河流，五色又被赋予象征意味，在藏族绘画界有这样的说法:"红和橘红色之王,永恒不变显威严,青蓝美丽富饶家,勤劳智慧来陪伴,纯洁白色表真心,亲朋好友忠诚在,暗色威武如武官,黑色为你做后盾,清澈三青如湖水,不容青莲来离间,先行信使淡胭脂,胭脂我也奔他方,格西石黄待活佛,土黄你把金垫当,亲朋副色之行为,根据需要你去选,茶色雄黄油润厨,忠实帮厨暗翠绿,色之天性从中明,劝君牢记在心中。"①红颜色象征着权势与统治,主尊神、佛、菩萨、祖师、高僧、法王的衣服及饰带多用红色,占据画面中心较大空间,显得高贵、威严;"格西石黄待活佛",黄颜色象征着智慧、涅槃、解脱,是用于格西、活佛等有学问有地位的祖师、高僧的颜色,其他主尊神佛、菩萨,人间的法王的身体部分也多用黄色或黄白混色;蓝颜色象征着忿怒、恐怖、威猛,忿怒像的本尊、护法脸部与身体多用蓝色,使画面具有阳刚之美,另外,唐卡背景中飘散的作为装饰的花朵,以青蓝色居多;绿颜色象征着丰盛与富裕,15世纪初起,由于与内地交往的日渐频繁,勉塘派、嘎玛噶赤派唐卡画师们开始学习汉地的青绿山水,将其加进主尊的身后,使唐卡布局更为灵活生动,青绿山水中山、树、岩石、土地多用绿色,局部辅以蓝色;唐卡中大面积使用白色的情况不多见,天上的白云自然用白色,部分神佛的脸部和身体如白度母或多面金刚的其中一个面相、一副身体常常为白色;此外,单纯的金色也使用较多,金色是最珍贵的颜色,被用在画面中最神圣的地方,比如佛像头后面发散的背光,颈上和手臂上佩戴精致的饰品,手中握着的法器等等,画面中的神佛、大德的衣饰也用金色勾边,显得异常华美。这些颜色用法多记载在相关文献中,也保存在历代画师的作品里,形成唐卡绘制代代沿袭的规范。

(3)灵活运用多种色彩搭配原则

唐卡基本色有五种,但分支颜色极多,常用的约有三十二种。在实际绘画时这些颜色遵循一定搭配原则成组出现。常见的原则如下。

---

① 丹巴绕旦著,阿旺晋美译:《西藏绘画》,中国藏学出版社2006年版,第130页。

图1-12　香巴拉菩萨王（之五）

（出自《故宫博物院藏文物珍品大系》）

对比色搭配。对比色是将相隔较远的色调（它们在圆形色盘上往往处于对角线位置）搭配在一起的配色方式，比如红与绿、黄与紫、蓝与橙、黑与白等。这种配搭因色彩的特征差异明显，能造成鲜明的视觉印象。比如故宫藏18世纪香巴拉菩萨王唐卡，这是乾隆三十九年（1774年）六世班禅大师进献给乾隆帝的一套唐卡，现存13幅，这组唐卡全部以红、绿两种对比色为主色，图1-12是其中的第5幅。画面中心的香巴拉菩萨头戴王冠，身着红袍，端坐在红色的木质椅子上，画面左上部的萨迦派大德宣奴洛珠身着红色袈裟，右上角的虚空藏菩萨也着红色衣服，画面其他部分则是大块的绿色，树木的叶子与枝干是绿色,土是绿色,云是绿色。红与绿营造出热烈的氛围。原清宫旧藏,现藏于故宫的绢本缂丝上乐金刚佛则是蓝与红两种对比色的搭配,四面十二臂的上乐金刚通体为蓝色,主臂拥抱红色的明妃金刚亥母,上乐金刚身围的虎皮裙、脚下莲座的台面和身后的火焰光环也均为红色,而画面上部三分之二则以无任何装饰的蓝色为背景(图1-13,图1-14为图1-13的局部)。

图1-13 《四面十二臂的上乐金刚》
(出自《故宫博物院藏文物珍品大系》)

图1-14 《四面十二臂的上乐金刚》局部
(出自《故宫博物院藏文物珍品大系》)

唐卡偏爱对比色的搭配,一般来讲,对比色搭配容易给人造成幼稚(儿童绘画)、原始(岩画等初民艺术)、粗俗(涂鸦艺术)的感觉。唐卡通过常用的金、银、白、黑等色来贴边、勾线,统一、协调了色彩关系,使原本冲突的色彩变得和谐,对比色搭配也成为唐卡艺术最大的特色。《藏族传统美术概论》中说:"红绿二色似新娘,色泽艳丽令人喜;黑白二色是花色,二色相配色艳丽;绿黄二色似春天,色泽光鲜有活力;青色黄色似鲜花,色泽鲜美有魅力;红色黄色似上师，色泽润丽艳欲滴；红色黑色很威猛，二色相配最威武。"①

对比色搭配还指不同色调的搭配，例如：浅色调与深色调配色，形成深与浅的明暗对比；冷色调与暖色调的对比，形成心理上的远近之感，虽然白色属于中间色，但在藏区，白色总是让人联想起雪山，所以在藏族的绘画系统中可以将其归入冷色。

渐变色搭配。在同一单色相的颜色中加入白色或黑色，其单色的彩度就会降低，色彩的光鲜度随之改变，但还是属于原本单色相系列中的一员，形成该色彩千变万化的色阶系列。这些颜色形成一种和而不同的有序的配色关系。藏族画师中流传着关于分支颜料配置法则的冗长的记述，例如六种不同的紫色：

> 褐色之中加淡黄，其色成为紫颜色。褐色之中加白色，其色成为淡紫色。褐色中加胭脂红，其色成为深紫色。紫色中加胭脂红，其色成为肝紫色。紫色中加石黄色，其色成为紫黄色。②

唐卡的起草构图结束后就进入着色环节，着色可大致分为两步。第一步画师按顺序对唐卡上色，一般的顺序是先对面积较大的衣饰、天空和大地进行上色，然后是肌肤、云烟、花木、水纹、建筑、贡品等，最后是人的脸部。不同画派的上色顺序稍有不同。为使唐卡颜色深浅变化显得自然，需要着色后进行加粉处理，使颜色产生深浅明暗变化。所谓加粉处理，就是为了使单色的彩度降低，使之与下一个色彩间的过渡不致过于生硬。第二步为染色，这同样是为了使两种颜色的过渡自然流畅，方法包括点染（用笔尖在底色上点出物的色彩）、梳染（从下往上像梳子梳着一样染色）、晕染（横画或打圈画着染色），染色可以弥补平涂上色立体感不足的缺陷。唐卡在绘制人物衣饰、花草树木、装饰卷纹及莲瓣时，经常在主色背后加渐变阴影，增加事物的质感和立

① 根秋登子：《藏族传统美术概论》（藏文版），中国藏学出版社1996年版，转引自宗者拉杰、多杰仁青：《藏画艺术概论》，民族出版社2002年版，第225—226页。
② 宗者拉杰、多杰仁青：《藏画艺术概论》，民族出版社2002年版，第221页。

体感。在绘制人像面部时,往往通过染色在原来单一底色的基础加黑或加白,赋予画面深浅变化,因而更活泼跳脱,例如布达拉宫藏明代《喜金刚像》(图1-15)。首先,喜金刚与他拥抱的明妃均为蓝色,只不过一浅一深,形成同一色系内的渐变式搭配;其次,喜金刚的正面脸部、手臂和腿底色为浅蓝色,画师在浅蓝底色基础上以点染、晕染的手法加白,突出了面部的额头、眉毛、两腮。

图1-15 《喜金刚像》
(出自《看不见的唐卡》)

主副色搭配。一幅唐卡颜色很多,形成繁琐复杂的色彩效果,但往往多而不乱、杂而有序。这是因为每幅唐卡都有色彩基调,一种或一类颜色为主色,其他颜色使用相同纯度的对比色，形成舒适的色彩关系和统一的整体效果。一般来说，位于画面中心的主尊的色调为主色调，如《噶玛巴·都松钦巴像》（图1-16）的主色调为红色，《六臂勇保护法》（图1-17）的主色调为墨蓝色，《大白伞盖佛母》（图1-18）的主色调为白色。有时候一幅唐卡里有两种及以上的色彩都占据较大面积或较醒目的位置，可能就会有不止一种的主色调，例如1-17《六臂勇保护法》我们也可以认为墨蓝和红色均为主色调，《绣像阳体秘密佛》（图1-19）主尊秘密佛正面像的蓝色与他所拥抱明妃的白色构成此幅唐卡的两种主色调。

　　主副色搭配突出了主体形象，又通过色彩配置丰富了画面，形成色彩丰富中不失重点突出的审美效果，在一定程度上消除了对比色搭配造成的视觉刺激，达成一种新和谐，显示出唐卡特有的宁静而华丽、热烈又平和、庄重又鲜明的特质。

图1-16　《噶玛巴·都松钦巴像》
（出自《唐卡奇珍：中国古代唐卡艺术鉴赏》）

图1-17　《六臂勇保护法》
（出自《唐卡奇珍：中国古代唐卡艺术鉴赏》）

图 1-18 《大白伞盖佛母》　　　　　图 1-19 《绣像阳体秘密佛》
（出自《唐卡奇珍：中国古代唐卡艺术鉴赏》）　　（出自《故宫博物院藏文物珍品大系》）

4.画面内外多重装饰

唐卡极重装饰性。

所谓装饰性包含两个方面，一为内部的装饰性。彩唐画面的空白处往往填塞花朵、卷草纹、云彩、树木等，各种形象铺满画面，可谓密不透风，颇有波斯细密画以细小纹样点缀、构图繁密不留空隙的感觉。这类装饰大多散见于画面的背景，如藏于布达拉宫的表现大成就者中的一幅，名为《三大成就者像》（图 1-20）。唐卡表现的是三位成就者迦纳巴、毗卢瓦巴和冬必嘿噜迦，居中的是迦纳巴，他在临终前终于证得空行母成就，画面上他的前方为两位空行母。左下角是褐色皮肤的毗卢瓦巴，据说他有定住太阳的神通，画面表现的就是他右手食指指向太阳，画面左上角的太阳定住不动的事件，右下角是曾任北印度摩揭陀国国王的冬必嘿噜迦与他的明妃骑在虎背上走出森林的场景，三

图 1-20　《三大成就者像》

（出自《看不见的唐卡》）

位大成就者自然是画师表现的中心内容，但是中心人物之外则充塞着云彩、树木、果实、岩石、花鸟等，在某种意义上，这些既有装饰又是主体的组成部分，它们构成了人物活动的空间。在表现抽象宗教观念的唐卡例如坛城中，构建装饰效果的主要是内容不断重复组合出现的宗教图符或装饰纹样，这类图案与主体画面的关系不大，也更多抽象符号。

二为外部的装饰性。我们现在看见的唐卡大多是这样的形制（图 1-21），如果把中央的唐卡画芯视为"内"，在画芯之外的部分就是我们这里探讨的外部。

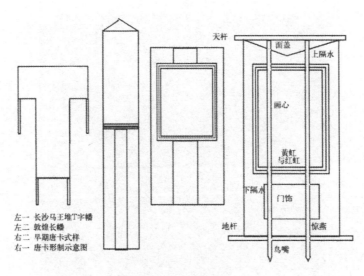

左一 长沙马王堆T字幡
左二 敦煌长幡
右二 早期唐卡式样
右一 唐卡形制示意图

图1-21 唐卡形制

(出自《藏传佛教艺术发展史》(上))

唐卡最上端是被称作天杆的木条,最下是与它对应的地杆,在藏文中,二者的名称一样。但天杆多为较细的方形木杆,用以提起展开画幅,与唐卡两侧齐平或稍长;地杆较长,为较粗的圆形木棒,杆头两端可以套盖。有了地杆,唐卡就可以卷起来携带了,唐卡被称为卷轴画即来源于此。紧连着天杆的是面盖(也称为唐帘),面盖通常为软质的黄色丝绢,垂放下来可以盖住整幅唐卡。唐帘外面缝有两条彩带,垂至卷杆处,其底端呈鸟喙形,故称为"鸟嘴",鸟嘴类似于汉地绘画装裱中的"惊燕",惊燕应当是一种纯装饰性的东西。

由画芯向外,围绕画芯镶有两道彩虹,大多为红黄两色,当然为了装饰效果也可以选择其他颜色,甚至有不镶彩虹的情形。彩虹再向外即为隔水,是唐卡外装饰中最主要的部分,此装裱锦缎从唐卡的天杆延绵至地杆,大多采用团花图案的锦缎或织锦,这些质地华丽、花团锦簇的隔水将唐卡装饰得更加金碧辉煌。隔水可以细分为上隔水(也叫"天池")、下隔水(又叫"地玉")和左右侧幅。在下隔水正中缝着一块方正的锦缎,称为唐门,唐门是唐卡标志性的装饰物,绚丽精美。

唐卡的外部形制自然有宗教性的考量,例如画芯镶边的"彩虹"正如其名称所示是画面中的神灵的光芒,也寓意神灵出自吉祥彩云;唐卡的门饰(唐门)是神灵进出唐卡的大门,有了唐门,唐卡就从二维的图画被观想成立体的佛龛。唐卡的面盖也许来自藏传佛教寺院中遮盖护法神的传统。①

不过,在这一部分,我们更关注的是装裱、装饰如何进一步加强了唐卡审美繁复的特点,那些花团锦簇的锦缎、垂下的彩色飘带、拼接在一起的不同图案、花色的彩虹、唐门,以及用錾有装饰图案或镶嵌珊瑚、松石、青金石等小装饰的铜、银、紫檀木地杆套盖,加上唐卡画中复杂而美丽的背景装饰,共同为我们展示了唐卡对装饰的无尽追求。

(二)建筑装饰

寺院建筑的外部给人以恢宏的视觉印象,寺院的内部装饰则处处体现出藏族审美追求繁复的特点。走进寺院,只见朱红廊柱、雕梁画栋、五光十色,柱头梁枋处彩画点金。主殿措钦大殿内各色旗幡交织、帷幕低垂,几乎垂到地上,与僧人诵经的长条座位相接,座位一律漆成朱红色,一排接着一排,上铺印花藏毯。天花板被涂成了青绿色。大幅墙面上,或者画满色彩艳丽的壁画,或者悬挂数幅唐卡。人立其中,目不暇接,甚至会产生一种迷惑眩晕的感觉。

藏族的碉式建筑外观简练而明快,石结构或土木结构的建筑彰显出石头、泥土与木材的自然本色。整体看,民居建筑的装饰虽没有寺院措钦大殿那般让人目眩神迷,但在其着力的门、窗及内饰部分,繁复的装饰风格依然十分突出,收分式的建筑结构与门窗等关键部位浓墨重彩的装饰相结合,相当引人瞩目,此种做法在藏区十分普遍,不过以被称作"千碉之国"的四川嘉绒藏区最为突出。

---

① 谢继胜、熊文彬、罗文华、廖旸等:《藏传佛教艺术发展史》(上),上海书画出版社 2010年版,第 116 页。

　　看嘉绒民居,点缀在古朴石墙之上的雕饰华美的门窗会在第一时间吸引你的目光。门是彩色的门,门上绘以各种或吉祥或有宗教寓意的图案,左右两边及门头是装饰性极强的边框(图1-22);窗是彩色的窗,大胆运用红与绿、蓝与金,色泽艳丽,造型上凹凸相间的木方块整齐地排列在一起,构成抽象的线型艺术,其中,檐部与外框用白色石灰勾画形状,做重点强调(图1-23)。此外,色彩图案繁复的廊檐,也是嘉绒民居在外观上可以一下抓住众人眼球的地方。廊檐的檐口、墙柱多以木雕和彩绘重点装饰,装饰性强,表现力十足。木质的门窗以轻巧、灵活与绚丽的色彩和大面积厚、宽、沉重的石墙形成对比,既给人以稳重的感觉又使外形变化趋向于丰富,这种做法既满足了功能需求又兼顾了艺术效果,避免了大面积石质立面的单调。

图1-22　嘉绒藏族民居的门

(摄于马尔康县)

图 1-23　嘉绒藏族民居的窗

（摄于马尔康县）

在笃信宗教的藏族那里,家户在民居的空间设计上也为信仰保留了一块最神圣的空间,这就是经堂。逐水草而居的牧民,他们的家是便于迁徙的帐篷,帐篷虽然不大,通常在 10 平方米以内,但牧民依然会在帐篷中央的最深处用木箱做成佛台,其上供佛像、活佛的照片和经书,佛台上还放有酥油灯和净水碗,酥油灯一般通宵明亮。牧区的这种简易"经堂"自然与繁复无缘。但是农区坚固美观的碉房,则极尽所能地将经堂装饰为一个家庭最华美的部分。因经堂在藏民心目中的崇高地位,往往被安排在最高层,显示出它受到的不一般的尊崇。经堂不一定很大,但其布置和装修一定是所有房间中最讲究的。经堂中央矗立着中央柱,上部系着白色的哈达。中柱红色,下绘蓝、白条纹。红、蓝、白、黄是经堂的基本色调,天花板、四壁、神龛甚至床都描绘彩画,所画多为佛经故事和宗教人物。经堂面窗的石墙上安装有木制的佛龛,龛内供奉释迦牟尼及度母、金刚等菩萨的塑像,或是挂着活佛的相片。龛前台上放着酥油灯、净水碗、手持转经筒,以及自家制造的酥油花,色泽鲜艳、做工精美。佛龛的左右两面和下面为壁柜,壁柜与佛龛会占据整整一面墙,壁柜内贮放着香供、法器、经卷等。有的人家在屋子一角还悬挂着法鼓。四壁墙上挂满了唐卡，少则数幅，多则数十幅。有些人家的经堂历史颇为久远，或者曾经出过显赫的人物，墙上绘满了画艺高超的壁画，而非近些年大行其道的粗陋的印刷品唐卡。经堂内一般还设有一柜一床。床是家户僧人的住处，有时家里做仪轨迎请来的喇嘛也在经堂里念经、歇息。一般只设床、柜，色调单一，设备简陋，与经堂的富丽堂皇形成鲜明对比（图1-24）。

图1-24　农区藏族民居的经堂

（摄于马尔康县）

近年来，除了经堂，客厅也是富裕起来的藏人重点装饰的空间。环绕四面的整体藏柜，从地面直抵天花板，边框以镂刻方式雕出，主体面板全部覆以彩绘，柜子里盛放的日用器皿也都是色彩艳丽、装饰繁多之物，有些人家的整体装饰效果给予观看者的心理感受几乎近似于寺院主殿给予人的迷幻效果。

（三）家具与日用器物

藏族家具最有特色的包括佛龛、卡垫床（兼具床与椅子的功能），其他如桌椅、箱柜、壁橱等也颇具特点，日用器具中最具藏式特点的是切玛盒、糌粑盒、转经筒、酥油壶、酥油茶桶、茶盘（木质托盘）、银碗、木碗、木质酒杯等。

佛龛一般放置在经堂，制作好的佛龛占据整一面墙，是藏族家庭中的大型家具之一。制作佛龛大多是透雕与彩绘并用，并在成品上沥粉贴金，有时还嵌以宝石，显得十分奢华。佛龛面板多绘宝瓶、莲花配卷草纹，龛柱雕盘绕而上的龙。佛龛中心为佛祖、菩萨塑像及藏族高僧活佛的照片。龛前的供桌上摆放着新鲜的贡品，七个净水碗一字排开，净水每天都要更换，酥油灯也四时长明。

"卡垫"既指一种座垫也指小型藏毯，卡垫床因其上铺卡垫得名，这是一种三面围板、一面敞开的家具，可坐可卧。卡垫床以绚丽的彩绘进行装饰，富丽堂皇。历史上只有活佛、贵族等才有条件享用，如今已成为寻常人家的寻常之物。以前藏族没有传统意义上的凳子，他们喜欢坐卧于地上。受近几十年经济迅速发展，文化交流日益频繁的影响，凳子成为新出现的家具。藏式的桌子包括茶桌、几桌、供桌等。茶桌是放在厨房或客厅用于吃饭、喝茶等日常活动的桌子；几桌功能性类似于汉族的茶几，方形；供桌摆放在经堂或客厅中央供佛台前，用于放置经书、贡品、法器等。箱柜类家具包括用来存放衣物、粮食、书籍等的柜子和箱子，此外还有新兴起的电视柜。

藏族工匠在制作家具时虽也考虑家具的功能，但功能之外的装饰常常被凸显出来。床、柜子、桌子、凳子等均以繁复的雕刻绘饰见长，家具表面无不绘满各种图案，人物、花卉、虫鱼、鸟兽。其中常见的有"吉祥八宝"、"金鹿法轮"、"二龙戏珠"、"六长寿图"、"和气四瑞"、"蒙人驭虎"、"财神牵象"等，主要图案的四周则饰以狗鼻纹、万字符、工字纹、回字纹、蝙蝠纹等图符，或者是连绵不绝的花与叶，花是佛教中的莲花，叶是自希腊至罗马至印度一路西来的卷草叶。家具的腰部、腿部常常做成曲线状的造型，或者另加一圈装饰。

藏式家具极其注重色彩，这些家具大多着色艳丽，其中红、黄、蓝为主色，白色、绿色为辅色，各种对比或互补的色彩填满了整个画面，形成鲜明热烈的视觉效果，边缘和轮廓线则以金色勾边，有的家具甚至全部用金粉刷成，使得放置家具的房间都显得溢金流彩、富丽堂皇起来。边角部位再以精湛的木雕技艺雕花镂卉,更显出在装饰上的用心。其中,拉萨及周边地区的家具虽用色也很大胆,多使用纯度高的颜色,但明度却偏暗,在繁复之外,又添一种庄重。浓郁的色彩和丰富的装饰是藏族家具有别于其他民族家具的最重要特征。

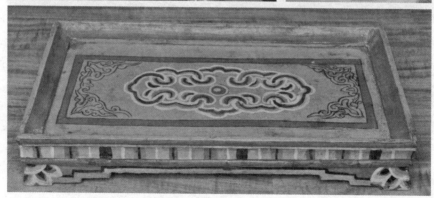

图 1-25 左上(1)转经筒 下(2)茶盘 右上(3)糌粑盒

意大利著名藏学家 G.杜齐说:"自然赋予了西藏人以想象丰富的审美感受,甚至在远古时代就是如此,这点我们通过我们所获得的为数不多的作品就可作出判断,并在其详细的装饰中发现其主要的表现形式。装饰感主宰着西藏艺术的发展,其无论是宗教的还是世俗的,都可以被看成是施展天生的装饰才能的有效借口。"①

---

① [意]G.杜齐:《西藏艺术》,张亚莎、李建雄译,《西藏艺术研究》1993 年第 2 期。

　　碗、盘、壶、杯、桶等虽是日用小物，藏族工匠在制作时却不惜反复雕琢，在有限的空间里尽量容纳更多细节。在流畅的线性结构外，以手工彩绘(如转经筒、茶盘、糌粑盒)[图1-25(1)(2)(3)]，粘贴镶边(如银碗、酥油壶、酥油茶桶)、珠宝镶嵌、雕刻(如切玛盒)、錾刻(如酥油壶)等手法为器皿层层叠加装饰，使得小小的日用器物也因为工匠的用心而变得让人爱不释手起来。

（四）服饰

　　据统计，藏装种类多达200余种，在我国民族服饰中居首位。藏区服饰大致可分为卫藏、阿里、工布、安多、康区、嘉绒、白马等类型。因地区不同，在用料、工艺上差别较大，形成了鲜明的地域特征。但藏区的总体环境和共同的审美取向，又使各地藏人的服饰具有统一风格，这种风格就是对宽大、厚重、华丽的追求。

　　现代藏袍最主要的特征为肥腰、大襟的右衽长袍，颜色多为黑色、咖啡色、灰色等，十分朴素。赋予藏装华丽、繁复特点的主要是它华贵而繁多的饰品、绚丽昂贵的服装镶边、帽子、邦典(围裙)等。节日盛装时，一个藏族女子穿在身上的衣饰价值可以高达几十万元，当然，盛装包裹之下的她也往往因饰品的重量变得"举步维艰"，让人感慨"美是难的"(图1-26)。

　　藏族的饰品。先看头上，藏族男女老幼都喜欢带金花帽，这种帽子以氆氇和皮毛作料，帽顶多用金丝缎或银丝缎为面，并镶金丝带花边，光彩照人；高寒牧区的男女冬天则喜欢戴小绵羊皮帽和狐皮帽，帽顶选择色泽艳丽的丝或缎，有的还在顶部加刺绣装饰，帽檐缝以带毛羊皮或狐皮。康巴男子喜欢将长发结辫盘顶，上缠红缨，俗谓"英雄结"，所戴帽式中有一种将整张狐皮包缠头部，狐皮首尾相系于脑后或狐尾垂肩，宛然一只活狐盘在头顶。流行于札达、普兰、噶尔等县的"鲜舞"服饰别具特色，传达出古朴凝重的气息。女子的牛角形头饰与今日拉达克妇女头饰极其相似，且头饰前部正中有长串珠帘低垂遮面，幽深内敛，有一种迫人的气度。安多藏区的妇女将头发梳成数十根细辫

图 1-26　繁复而华贵的服饰
（图片来自"西藏在线"）

子,下接黑色或咖啡色丝线,长至脚踝,从发根至脚踝的发辫上缀满各式装饰物,有真假琥珀、玛瑙、银质碗状饰物、银元、铜元等;少女则梳两根辫子,辫子上缀有红珊瑚数行;一些妇女以绿松石串装饰额头。甘南卓尼妇女的头饰名为"钮子头",她们把两根一丈左右的皮条丝与头发混编成两条辫子,皮条丝上顺序镶嵌着二百多个铜钮子,排成两行直到发梢。其中较大的铜钮子上又附有珊瑚、松耳石等,行走起来发出清脆的碰撞声。康区女性发饰更为繁复,细碎的发辫上或戴或缀红珊瑚、玛瑙、绿松石、翡翠、黄蜜蜡、金银头饰,十分华贵。不过这类异常繁复的头饰,炫富价值似乎大过了审美价值。

　　再看身上,除了传统藏式的项链、手镯和耳环外,藏族还有一些独具特色的饰物。"嘎乌"为佩戴在胸前的小型佛龛,是藏人的护身符。嘎乌大多为佛塔竖切面形状,龛中放佛像、经咒、金刚结、舍利子或高僧加持过的药丸等,嘎乌的质地为金、银、铜,外镶红玛瑙、绿松石,并镂雕各种宗教图符和吉祥图案。

在宗教的护佑功能之外,也成为脖颈上很好的装饰。"雪纪"是牧区妇女腰间挂的银质或铜质奶钩,原是挤奶时挂奶桶用的,后转变为装饰品,多为银质,同样以珊瑚、松石点缀。"美架"是藏族男子系挂在腰间的藏式火镰,火镰原是一种取火工具,在原有功能被取代后转变为一种装饰,藏式火镰大多造型豪放、风格粗犷,挂在皮带子的火镰到处缀满金银铜做成的装饰,镶嵌珊瑚、松石、各种宝石、珠光宝气、雍容华贵。腰扣是妇女佩戴在腰间的装饰,不同区域的腰扣形状与錾刻花纹十分丰富,腰扣大多全为银质,上面镶各种珠子,有的地区的腰扣十分夸张,例如日喀则定日一带,四川嘉绒藏区一带的腰扣可以围腰间两圈左右。藏族特别喜爱以金、银、铜为底,上饰珊瑚、玛瑙、松石的饰物,除以上所列之外,类似的还有悬挂腰间的男子的"特秀"(子弹盒),女子的小藏刀、"珞松"(摩尼宝)、"美龙"(铜镜)等。

衣服的边饰也是藏民精心修饰的区域,在牧区,牧民们平时的皮袍十分简单,他们直接将鞣制缝好的动物皮毛穿在身上,朝外的皮面不加任何面料,显得朴实粗犷。但节日盛装却质地高级、做工精细,袍子用羊羔皮缝制,外层用毛料或绸缎为面子,领、袖、下摆用5寸至1尺左右宽的大幅水獭皮、虎皮或豹皮镶边,显得格外英武。安多牧区的女子衣服用红、蓝、绿、紫等宽大的色条装饰,宛若彩虹。农区的女子衣服的领、袖、下摆也多镶嵌各式贴边,近年来,贴边越来越宽,越来越华丽。

藏式围裙"邦典"用五色、横条纹的氆氇制成,邦典色彩鲜艳、编织精密、美观大方,2006年,藏族邦典的制造技艺入选第一批国家级非物质文化遗产名录。藏靴的式样颇有古意,总体仍属于历史上游牧民族使用的长靴,以牛皮作底,靴面、靴腰上用彩色氆氇或贴绣花纹装饰,靴腰后上方开口,穿时用靴带绑紧。

二、繁复与简淡之争

美学史上人们常常有意区分事物本身与事物之装饰,前者朴实,后者繁复,二者的对立在绘画、建筑和家具中尤其突出。当然,它也适用于一切艺术,甚至文学,我们知道也有简淡与繁复之别。在某些时期或某些风格中,事物只呈现其自身就够了,但在另一些时期和风格中,人们又追求和赞美繁复的装饰。以西方建筑和家具为例,从古希腊到中世纪,经文艺复兴到近代,基本上是沿着日趋繁复的方向演进,哥特式、洛可可甚至文艺复兴时期都是追求繁复美的典型时期。从19世纪20世纪之交至今,一切又都开始走向极简,城市以简单的直线、立方体形象示人,以北欧极简主义为代表的现代家具设计潮流席卷世界,现代社会的主流审美似乎对繁复的轻视达到极致,以至出现了阿道夫·卢斯和格里诺这样持极端观点的建筑美学家。阿道夫·卢斯曾写作《装饰与罪恶》一书,他说,我们这个时代的伟大性在于它无能产生一种新的装饰,这种"无能却是一种精神优越性的标记",因为许多人集中力量来发明其他的事物。① 格里诺说:"装饰是幼稚文化为了掩饰其不完全而产生出来的本能上的努力"。② 他们认为在最近的一百年里,繁复与简淡之争终于以不利于繁复的方式终结了。

中国美学史上,"芙蓉出水"和"错彩镂金"两种审美类型在诗歌、绘画、工艺美术等各个方面都有大量的作品呈现。宗白华先生总结说:

> 楚国的图案、楚辞、汉赋、六朝骈文、颜延之诗、明清的瓷器,一直存到今天的刺绣和京剧的舞台服装,这是一种美,"错彩镂金、雕缋满眼"的美。汉代的铜器、陶器,王羲之的书法、顾恺之的画,陶潜的诗、宋代的白瓷,这又是一种美,"初发芙蓉,自然可爱"的美。③

中国美学体系下,这两种类型的美实际隐含有价值上的高下之别,"初发芙蓉"在美学价值上高于"错彩镂金",这才有钟嵘《诗品》中颜延之的诗被评

---

① 转引自[波兰]瓦迪斯瓦夫·塔塔尔凯维奇:《西方美学六大观念史》,刘文谭译,上海译文出版社2013年版,第191页。

② 转引自[波兰]瓦迪斯瓦夫·塔塔尔凯维奇:《西方美学六大观念史》,刘文谭译,上海译文出版社2013年版,第191页。

③ 宗白华:《美学散步》,上海人民出版社1981年版,第34—35页。

价为"铺锦列绣,亦雕馈满眼"时,颜对此"终身病之"的说法。艺术史上也把以水墨画为代表的中国绘画作为了中国式审美的最高代表。水墨画讲究留白,即"无画处皆成妙境",与唐卡"色绘背景"的技法形成鲜明对比。中国艺术趋简恶繁与西方当代审美似乎不谋而合。

这里提出了一个问题,简淡一定比繁复更甚一筹吗?

当我们在特定的文化背景(中国文化)、特定的时间(当下)提出,答案自然是肯定的。但是如果换一个文化背景,例如藏族文化;换一个时间,例如在讲究铺排的楚辞、汉赋的时代,时代正满心欢喜地拥抱光华四溢的繁复时,答案也一定是否定的。事实上,人类历史上追求装饰之风此起彼伏,在有的时代还成为了社会主要的风尚。装饰也绝不是为了"弥补空间的虚无",装饰自身也有复杂的技法,有极强的造型功能,而且蕴含着丰富的文化密码,是最典型的"有意味的形式"。

笔者以为不同时期不同文化的人依据自己的偏好选择喜爱、推崇不同的审美类型正好说明在不同审美类型之间区分高低贵贱是毫无意义的。在人类审美的循环往复中,简淡与繁复不断交替,当前的一百年这一循环恰好处在了对繁复厌倦和反动的时期,而这只是演进过程的一个阶段,而非演进的终点。事实上,当我们面对包括藏族艺术在内的诸多以繁复见长的艺术品时,同样也能看到艺术家和工匠们对生活的热爱和对美的精心维护。

第二章　藏族艺术的审美类型及其表现：隐秘与畏怖

第一节　隐　秘

　　大约公元 6—7 世纪，印度教重新取代佛教在印度各地区获得了统治性的地位，佛教在印度本土开始衰落，为了在印度教强劲的包围下继续生存，佛教不得不印度教化，演变为集两种宗教特质于一身的密教。① 密教是大乘佛教、印度教和印度民间信仰的混合物。它以高度实践化的仪轨、咒术、俗信为特征，宣扬口诵真言（语密）、手结契印（身密）、心作观想（意密），三密相应，便可即身成佛。以简便易修、大众乐于接受的法门取代了传统印度佛教繁琐深奥的理论论证，与传统佛教相比，密教尤其注重的是修行的方法和技术。公元 8 世纪寂护、莲花生等人带入吐蕃的佛教就是这种具有浓厚密教色彩的大乘佛教。

　　由于密宗金刚乘的修习是藏传佛教的突出特点，许多时候人们就用金刚

---

　　① 关于密教起源时间，学界有许多不同的观点，大致有源于释迦摩尼前、源于释迦摩尼时期、源于佛涅槃后 28 年、毗卢遮那佛在色究竟天曾宣讲金刚乘密法、佛弟子阿阇梨鸠鸠罗阇讲授密法指导七百弟子获得持明成就、与大乘佛法同时兴起六种说法。金刚乘密法作为密教四续部中的最高法门无上瑜伽密法，是密教哲学思想已经成型的标志，其兴起时间在公元 7 世纪前后则没有太大的疑义。索南才让：《西藏密教史》，中国社会科学出版社 1998 年版，第 5—6 页。

乘作为藏传佛教密宗的代称。严格地讲，金刚乘特指无上瑜伽密法，无上瑜伽密法只是密教的一个支系。但在西藏的传统中，金刚乘成为整个密教的代称。

藏传佛教虽显密兼备，但尤重密宗，并且以无上瑜伽为最高修习次第。这种实践胜过理论，讲究方便法门的特点，使得修行者在追求宗教奥义的过程中，必须全身心地投入到对周遭世界和内在心灵的感受和体验中，快速而准确地进入到自我的神性本源。所谓神性本源，在佛教中也被叫作奥义、如来、空、真如实相等，它相当于道教里的"道"，西方哲学里的"存在"、"有"，基督教中的"上帝"。此类概念对应修行者某种可遇而不可求的极致体验，用语言常常难以表述。如何传达这种难得的宗教奥义，使个人经验可以有效地得到推广，借助象征物便成为一种通行的做法。

象征(symbol)是一种修辞或一种方法，《韦氏英语大词典》的解释是"用以代表或暗示某种事物，出于理性的关联、联想、约定俗成或偶然而非故意的相似，特别是以一种看得见的符号来表现看不见的事物，如某种意念、某种品质或一个国家、一个教会之整体，一种表征"①。象征通过具体可感的形象来传递情感或表达寓意，即以可见的符号表现不可见之事物。由于象征物相较于被象征的"理"更具亲和力，更能打动普通人的心灵，所以宗教中象征物就变得随处可见了。

事实上，这类象征物在宗教艺术中最为常见，作为唤起大众信仰最有效的手段，宗教艺术强调让抽象的宗教哲理变得可感知与可体验。由于视觉在感觉中的核心地位，以视觉为中心的表现方法在宗教艺术中也得到凸显。如前所述，以密宗为中心的藏族宗教具有追求终极宗教体验的特点，使得藏族艺术中出现的大量形象都具有象征性，而这就是我们认为藏族宗教艺术具有的隐秘的审美特征的原因。我们看藏族艺术要学会揭开覆在事物表象上的层层面纱，领悟表象之下的深刻意义。

---

① 转引自林兴宅：《文艺象征论》，福建人民出版社1992年版，第27页。

一、宗教与文化双重解释下的曼荼罗

曼荼罗(Mandala)是佛教密宗的一个重要图符。宗教图符带有的与生俱来的神秘性,促使人们赋予它千歧百异的解释。这些解释有的相互抵牾,有的本身也需要解释。在众多解释中,居于宗教(或宗教哲学)立场的解释、从社会文化层面进行的解释和审美形式的艺术解释是三个最主要的向度。

一位学者这样说:"国内外藏学研究者对蔓荼罗艺术神秘莫测的表现形式和高深的哲理内涵,无不感到惊叹,并对玄妙莫测的密宗蔓荼罗艺术所表现的宗教仪理表现了很浓的兴趣。"①可以说,曼荼罗是一个逐渐在学界内外风行开来,但被反复误读的图符概念。许多对它的解释要么仅仅停留在宗教层面"原地踏步",要么在已有的神秘之上制造更多的神秘。这与曼荼罗的密教出身有关,正如一位印度学者所说,"虽然有大量关于这个题目的文献,密教对于我们学术界始终是个谜。……密教的论著以达到它的真实本性的虚伪允诺来诱惑我们。甚至最优秀的英才人物也时常受到欺骗"②。对于众说纷纭的曼荼罗,有的研究者干脆用"说不尽的曼荼罗"来概括③。

(一)"漫荼罗无正翻":层层赋义与被遗忘的"密义"

曼荼罗起源于古印度,雏形是密教祭坛。由于公元7—13世纪穆斯林军队多次洗劫,也由于曼荼罗本身"重在观想"、"事毕坛毁"的特点,作为祭坛的曼荼罗今天已了无踪迹。这为曼荼罗的研究增加了难度。

自从曼荼罗(概念和图符)传入中国,不同时代的宗教解释者就开始围绕曼荼罗进行意义涂抹。唐代高僧慧琳说"漫荼罗无正翻"。宗教译者找不到准确的词来翻译曼荼罗(任何翻译都受到"译不准"原则的限制,曼荼罗的翻

---

① 康·格桑益希:《藏传佛教密宗曼荼罗艺术探秘》,《宗教学研究》2004年第2期。
② [印度]德·恰托巴底亚耶:《顺世论》,王世安译,商务印书馆1992年版,第390页。
③ 韩书力:《说不尽的曼荼罗》,《艺术家》(台北)1997年第5期。

译尤为明显,所以慧琳有此无奈的慨叹),曼荼罗的解释之间也难以达成共识。这种困境延续至今,今天关于曼荼罗的讨论,绝大部分定义和解释的出发点并没有超出慧琳所处的时代,依旧聚讼纷纭。概括起来,曼荼罗的宗教定义分为三层。一层为坛、坛城或道场,意义来源是祭坛,"旧译多曰坛,又云道场"①。古印度密教行者修法时,为防止魔众的侵入,在修法场地筑起圆形或方形的土台,国王即位或剃度僧人,均在台上举行仪式,迎请诸佛、菩萨亲临作证,并在台上绘出他们的形象。《密宗要旨》说:"坛者积土于上,平治其面,而以牛粪涂其表,使之印巩固。于此坛上以管宗教之神圣行事,尤其为阿阇黎授戒弟子时,或国王即位时,于此上行之,当为此神圣行事时,例须迎请十方三世诸圣而证明者。于是绘画十方三世诸神之圣像,或以其所持之物,表示尊严。又或以诸佛诸尊之种子,而表尊崇。"

另一层为轮圆具足、聚集,意义引申自车轮,"新译多曰轮圆具足,又云聚集"②。《演密钞》卷五说:"漫荼罗,是蕴聚积聚诸佛如来真实功德之处,故以为名。言轮圆辐辏者,以喻显法,轮即平轮,圆谓圆满,毂幅辋等相圆满故,辐辏者归会也,谓众辐归会于毂也。……今借喻此漫荼罗三重法界门罔不归辏于大日心王,使三乘五乘一切众生普门进趣皆辏中胎大空之处,故曰轮圆辐辏也。"③

还有一层是发生、本质,意义来自种子、奶酪,梵文 la 有"成就"之义,所以又有"本质成就"之义。《大日经疏》卷四说:"曼荼罗,并发生义,今即名发生曼荼罗也。下菩提心种子于一切智心地,润以大悲水。照以大慧月,鼓以大方便风,不碍以大空空,能令不思议法性芽次第滋长,乃至弥满法界,成佛树王,故以发生为称。"④又说:"梵音曼荼罗,是攒摇奶酪成苏之义。曼荼罗,是苏中

---

① 丁福保编:《佛学大辞典》上册,上海书店1991年版,第179页。
② 丁福保编:《佛学大辞典》上册,上海书店1991年版,第179页。
③ 丁福保编:《佛学大辞典》上册,上海书店1991年版,第179页。
④ 丁福保编:《佛学大辞典》上册,上海书店1991年版,第179页。

极精醇者,浮聚在上之义。……是故佛言极无比味无过上味,是故说为曼荼罗也。以三种秘密方便攒摇众生佛性之乳,乃至经历五味成妙觉醍醐,醇净融妙不可复增。"①

宗教解释者认为,第一层意义和第二层意义的关系是"此中就体而言,以坛或道场为正意,就义而言,以轮圆具足或聚集为本义"②,第二层意义和第三层意义的关系则是"自轮圆具足之义而言,诸尊如轮般环绕于普门之大日如来周围,协助大日如来,使众生入普门;自发生之义而言,能养育诸佛种,而生佛树王(佛果)"③。

宗教解释最大的特点是从本义(或喻体)到引申义(或本体)的转换,以相似性为基础建立二者的意义联结,最终以引申义取代本义。在曼荼罗的上述三层定义中,这样的意义转换都存在:从"祭坛"到"道场",从"车轮"到"圆满"、"聚集",从"乳酪"、"种子"到"妙觉醍醐"、"本质成就"。本义是词根、词源,也是引申义的文化源头。对于宗教解释者来说,文化的追根溯源并不重要,重要的是引申出来的宗教哲学意义,以及在这些意义之间怎样建立自圆其说的关联。一位现代的宗教解释者注意到,曼荼罗的"乳酪"之义被后世密教用"聚集之意,亦即诸佛、菩萨、圣者所居处之地"加以遮蔽④。

文化解释的方向似乎与宗教解释相反,从引申义回到本义,从本体回到喻体,从来世回到亘古。不过,学术界的某些观点也很有现代宗教或神秘主义的意味,比如认为曼荼罗是"本尊神居所的模型和图示。……曼荼罗既是一种宇宙图,同时也是一种心灵的记录史,它更是藏传佛教密宗艺术中充满神秘意境与宗教哲理的行为意识图"⑤,也就是说,"密宗修行者在其精神世界交通

---

① 丁福保编:《佛学大辞典》上册,上海书店 1991 年版,第 179 页。
② 丁福保编:《佛学大辞典》上册,上海书店 1991 年版,第 179 页。
③ 弘学:《佛教图像说》,巴蜀书社 1999 年版,第 504—505 页。
④ 弘学:《佛教图像说》,巴蜀书社 1999 年版,第 505 页。
⑤ 康·格桑益希:《天圆地方曼荼罗》,《西藏旅游》2003 年第 4 期。

'神灵'的一种形式"①。

瑞士心理学家荣格对曼荼罗进行过赋义。他认为以花朵、十字、车轮等图形为基调的象征符号在旧石器时代岩画(例如津巴布韦发现的岩画)中就已出现,并说:"这就是所谓的太阳轮。而既然它产生于车轮还不曾发明出来的年代,也就不可能起源于任何来自外部世界的经验,而毋宁是某种内心经验的象征。"②曼荼罗体现了无意识的个体化整合③。针对荣格的结论,有学者反驳说"(曼荼罗)这种符号不可能出现在车轮之前"。

荣格把曼荼罗或他所说的曼荼罗式样归结为集体无意识的原型显现,他的观点代表西方话语系统中的东方象征主义,也体现出曼荼罗的"赋义泛化"。笔者以为,赋义的泛化涉及形式与内容两方面。形式泛化把任何与宗教内涵有关,但不具备曼荼罗形式或符号的图案"误认"为曼荼罗,极端者如"宇宙即曼荼罗"。有研究者认为西藏阿里的冈仁波钦也是天然的曼荼罗——"让炯"曼荼罗④,这是泛化曼荼罗的又一个实例。形式泛化的潜逻辑是内容决定形式。内容泛化把具备曼荼罗形式,却无宗教内涵的图案"误认"为曼荼罗,潜逻辑是形式决定内容,荣格就属于这种情况。赋义泛化的共同点,往往是在封闭的逻辑系统内演绎曼荼罗的宗教意义、形式意义或心理意义。

不能彻底否认宗教界、学术界上述演绎的价值,事实上它们丰富着曼荼罗的意义面相。不过,曼荼罗之所以成为密宗图符,是因为它与生俱来的密教渊源,它的神秘性和多层次的象征意义,应该到它的密教出身,乃至更远的原始文化源头寻求解释。

---

① 康·格桑益希:《藏传佛教密宗曼荼罗艺术探秘》,《宗教学研究》2004 年第 2 期。

② [瑞士]卡尔·荣格:《心理学与文学》,冯川、苏克译,生活·读书·新知三联书店 1987 年版,第 3 页。

③ [罗马利亚]米尔恰·以利亚德:《不死与自由》,武锡申译,中国致公出版社 2001 年版,第 251—252 页。

④ 康·格桑益希:《藏传佛教密宗曼荼罗艺术探秘》,《宗教学研究》2004 年第 2 期。

藏密曼荼罗的中心往往绘制诸佛、菩萨、金刚或明王（密宗本尊）。以本尊命名的曼荼罗很多，如时轮金刚曼荼罗、胜乐金刚曼荼罗、集密金刚曼荼罗、尊胜佛母曼荼罗、不动明王曼荼罗等，大威德金刚、胜乐金刚、时轮金刚、集密金刚和喜金刚并称曼荼罗的"五本尊"。在曼荼罗中，本尊大多拥抱各自的明妃，呈交合状。对于这样的画面，有人诟病为邪教表征，有人解释为乐空双运或智慧与慈悲的结合，"根据现代标准判断，也许没有任何东西比密教的性理论和实践更不健康，更加令人厌恶的淫秽。这说明了研究古代密教的现代作家的两种态度。或者干脆谴责密教，或者将它的淫秽之处隐瞒起来，仿佛要用唯心的神秘的补过思想给它们掩盖"①。从文化研究的角度看，这些图像有什么样的寓意？相对于"宗教解释"或在"宗教解释"之后，我们能作出什么样的"文化解释"？

接下来的讨论将围绕曼荼罗中的莲花与金刚展开。莲花、金刚是曼荼罗中反复出现的符号，具有相对固定的象征意义，以它们为解读的焦点，能较为恰当地理解曼荼罗的"密义"。此前已有宗教赋义覆盖其上，在宗教解释密布的"解释学空间"中，包括笔者在内的后来解释者所做的工作只能是再解释——对解释的解释以及对先在赋义的厘清与剥离，见缝插针、寻觅线索并穿针引线。

（二）莲花与金刚：从喻体到本体

密宗又称"金刚乘"（vajra-yana）或"欲金刚乘"（kama-vajra-yana）。在曼荼罗图符中，除以金刚为本尊，许多与金刚有关的派生物也布满其间，例如作为曼荼罗外圈的金刚杵环，坛城的金刚墙，装饰性的金刚结，菩萨、金刚所持的金刚杵、金刚橛，所结的金刚印、金刚拳等。莲花也随处可见，或者作为菩萨、金刚的宝座（莲座），或者作为最普遍的装饰图案出现。莲花与金刚交错纵

---

① ［印度］德·恰托巴底亚耶：《顺世论》，王世安译，商务印书馆1992年版，第356页。

横、互为连理。《金刚顶经》(不空译)和《大日如来经》(善无畏译)是唐代译出的两部密宗经典。针对这两部经,产生出金刚界和胎藏界曼荼罗图绘。前者是《金刚顶经》的图解,后者是《大日如来经》的图解。金刚界曼荼罗的中央画金刚轮,表示五方佛的住所。五解脱轮中各有五个月轮,每一月轮中有莲花。在这些莲花上住有五佛、四波罗蜜、十六尊等(图2-1)。胎藏界曼荼罗的中央形似一俯视的八叶莲花(称为中台八叶院),最中央的莲台上是大日如来。八叶上画四佛、四菩萨,总称八叶九尊,底色分白、绿、蓝、红,象征东西南北四方的四大部州(图2-2)。

宗教解释者认为:"最上广大曼荼罗,其相犹如金刚界,是故名为金刚界"。又认为:"八叶莲花表菩提心德。胎藏界以莲花表心,是八瓣肉团心,其状如莲花合而未开,佛心则如开敷莲花。……今且约胎藏为喻,行者初发一切智心,如父母和合因缘,识种子初托胎中,尔时渐次增长……乃至始诞育时,诸根百体,皆悉具备,始于父母种姓中生。……今以莲花喻此曼荼罗义。如莲花种子在坚壳之中,枝叶花条之性,已宛然具足,犹如世间种子心(初发的菩提心)从此渐次增长,乃至初生花苞时,莲台果实隐于叶藏之内,如出世间心尚在蕴中(大悲胎藏)又由此叶藏所包,不为风雨众缘之所伤坏。"

解释者在两界曼荼罗之间建立了这样的逻辑关联:"金胎两部说明毗卢遮那如来的'理'、'智'两德,说明理德的一部分称为'胎藏界曼荼罗',说明智德的一部分称为'金刚界曼荼罗'。……金

图2-1 金刚界曼荼罗,中心为五佛十六尊

(出自《唐卡奇珍:中国古代唐卡艺术鉴赏》)

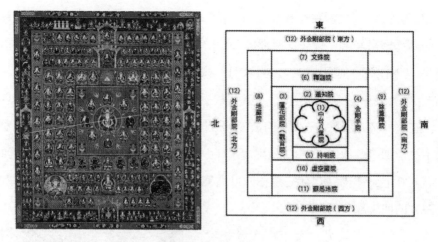

图 2-2　胎藏界曼荼罗

（图片来自网络）

胎两部又称色心两部或理智两部。理是本有,属因位;智是修生,属果位,故又称因果两部。胎藏为发心之始,包含万行,如东方为生长万物之首;金刚为证得之位,显现万德,如西方成熟万物之终,故又称东西两部。……为了表示色心二法、理智二门,所以分为金胎两部。胎藏以莲花为体,即表众生八叶肉团心,在此处建立坛场,故曰胎藏界。金刚界以五股金刚杵为体,五股金刚杵表五智,即大日如来的三昧耶形,在五股金刚杵上建立坛场,故曰金刚界。"

在宗教赋义中,莲花与金刚成为喻体。解释者使用"犹如"、"表"、"喻"或"为了表示"等术语,把自己的意图(本体)"植入"其中,认为"莲花部是众生本有清净菩提心,在生死泥中不染,犹如莲花出在污泥",用金刚(石)的坚硬来比喻诸法实性或智慧空性,说"五股金刚杵表五智","金刚部是众生在自心之理的处所,同时又具有坚固不坏的智慧、能破烦恼,犹如金刚不坏,能坏一切"。在经典化的表述中,抽象思辨被代入感性符号,宗教象征赋义得以实现。

但是,莲花和金刚仅仅是喻体吗?为什么会出"胎藏"这样的喻体?解释者将"胎藏"分为"胞胎胎藏"、"莲花胎藏"。"胞胎胎藏"顺理成章,但怎么会出现"莲花"、"胎藏"这样的组合呢? 虽然他强加解释,说:"如莲花种子在坚壳之中……犹如世间种子心(初发的菩提心)……如出世间心尚在蕴中(大悲胎藏)",仍显牵强,不如"胞胎胎藏"的解释——"如父母和合因缘,识种子初托胎中,尔时渐次增长"——来得自然。"莲花表心,是八瓣肉团心"这样的表述也让人费解。他进一步赋予金刚、莲花以这样的逻辑关系,即"胎藏为生界本有,属理,故诸尊住在莲花内的月轮中。莲花表理,月轮表智,智住理内,表示不二。金刚界为佛界修生,属智,故诸尊住在月轮内莲花中。理住智内,也是不二"。甚至以宗教幻想的口吻,说曼荼罗是大日如来启示后出现的:"金刚界曼荼罗是大日如来在阿迦尼吒天宫(色究竟天)为金刚手、观音等十地菩萨所示现的景观。"

　　作为文化解释者,我们无权指责宗教解释者的想象及逻辑,只想从他的表述和我们从中看到的困境出发,完成自己的解释之旅。与前述曼荼罗"发生义"中的"种子"、"乳酪"及"发生"、"养育"、"佛树"和"佛果"等连在一起统观,"父母和合"、"诞育"、"胎藏"、"生长万物"、"成熟万物"这些关键词足以引导我们进入另一个赋义系统,指向人体的"下面"而不是"上面",属密教特有,与更为原始的生殖崇拜有关。印度古城摩亨佐·达罗存留有专供生殖崇拜仪式之用的"莲花浴池"遗址,"在整个历史时期都修建这种人造水池:开始是单独的,后来修在寺庙附近;甚至今天还修这种水池。……正是在最早提及'莲花池'时,还有一个把它同原始的生育仪式联系起来的第三种功用。……男人的仪式不仅在圣水池里洗澡,还要同女神的女侍代表们同居"[1]。有学者猜测说:"佛陀之母甫在释迦族人举授职仪式的神圣人工莲花池沐浴之后,佛陀其人即在邻近的一座娑罗树林中诞生,此林乃女神蓝毗尼的圣林,娑罗树系

---

[1]　[印度]D.D.高善必:《印度古代文化与文明史纲》,王树英等译,商务印书馆1998年版,第75—77页。

释迦族的图腾树,佛陀之母遵当时流行风俗。"①佛母在这样的莲花池中沐浴之后,佛陀才出生在释迦族的图腾树下的。"大浴池"遗址的发现,使"莲花净土"及"莲胎"等喻体所埋藏的遥远"密义"隐约可辨,也使我们关于农业生殖巫术意义的索隐有了一个文化事象的衔接点。

衍多罗(yantra)是印度密教图符,在构图形式上与曼荼罗十分相似。一般以莲花和三角为构图元素,象征女性崇拜。在印度密教语境中,莲花始终是女性生殖符号。对于密教解剖学而言,神经索"秀散那"贯通七个莲轮,多数莲轮中都有三角符号:muladhara 轮位于脊柱底部,由四瓣红色莲叶组成,莲花中央是黄色的方形,其中心有一倒三角,三角中心为一摩尼珠;manipura 轮位于腰椎,由十瓣蓝色莲叶构成,中央是红色倒三角;auahata 轮在心脏部位,由十二瓣金色莲叶组成,其中央由两个交叉的三角形构成;ajna 轮位于眉间,二瓣白色莲花,中央为一白色倒三角,其中心是白色林伽(linga);sahasrara 轮位于头顶,为千瓣莲花,中央是满月,月心为一倒三角。倒三角是女性生殖符号,当与男性三角符号及男性器官符号林伽 linga 并置时,这一点尤其明显。

"金刚(vajra)及其变体摩尼宝(mani)是代替林伽(linga,阳具)的一个文雅或神秘的措辞,正像莲为拔伽(bhaga)或瑜尼(yoni,指女阴,引者注)的文学的代用语"②。金刚的字面意思是"雷电",表示 linga 或男性精液③。《楞严经·同长水疏》释"金刚宝觉"说"如摩尼珠,随意生育",《莲宗宝鉴》卷八说"当生净土,入彼莲胎",可见"念佛往生弥陀净土之人,皆在莲花内而生,恰如母胎,故曰莲胎"④。实际上,"性空般若和金刚被拿来代表男性,而慈悲方便

---

① [印度]D.D.高善必:《印度古代文化与文明史纲》,王树英等译,商务印书馆 1998 年版,第 122 页。

② [印度]D.D.高善必:《印度古代文化与文明史纲》,王树英等译,商务印书馆 1998 年版,第 337 页。

③ [罗马利亚]米尔恰·以利亚德:《不死与自由》,武锡申译,中国致公出版社 2001 年版,第 281 页。

④ 佛学书局编纂:《实用佛学辞典》,上海古籍出版社 1994 年版,第 763 页。

和莲花代表女性,两方面的结合即是性的结合"①。

　　印度古代道行歌(carya)中有这样一段描述:"莲花与雷杵在中间会合,通过它们的交接旃陀利(candali,指阴性力量,引者注)着火燃烧起来了;那个熊熊大火接触了杜姆比(dombi,指阴性力量,引者注)的房舍,——我拿起月亮泼下雨水。既没有发现烤人的炎热,也没有淋湿,但它从弥卢山顶进入了天堂"。② 莲花象征女性生殖器,它与金刚交接代表男女性合,类似于中国古代文化中以"云雨"比喻"性合"。这种交合一方面充满强烈的能量("熊熊大火"),另一方面使"月亮泼下雨水",不由得让我们想到曼荼罗的"月轮"和密教莲轮中的"满月"符号,也让我们想起曼荼罗的"发生义":"下菩提心种子于一切智心地,润以大悲水。照以大慧月,鼓以大方便风,不碍以大空空,能令不思议法性芽次第滋长,乃至弥满法界,成佛树王,故以发生为称。"下种、浇水、光照、发芽、滋长、成熟,不需要像解读道行歌那样费力,我们在其中就可看出农事活动的完整痕迹。

　　莲花与金刚的底层赋义凸显出曼荼罗的生殖崇拜"密义",获得不同于宗教赋义的认证,也为进一步解读曼荼罗的其他符号提供了必要的赋义指向和参照。反过来,曼荼罗的其他信息也能印证莲花、金刚的意义,比如本尊大日如来。仔细分析曼荼罗五方佛的色彩、图像和方位的关系后,日本学者立川武藏认为"以大日如来作为中心的五方佛用这种方式体现出太阳运动在时空上架构而成的宇宙结构"③,也就是说,大日如来可能是一位日神。通过一个离奇的心理学案例,荣格证明神话学家罗科"对生殖器的崇拜和对太阳的崇拜不仅是同时期的现象,而且两者是在同一信仰之下交融在一起的。男性性器

---

　　①　[印度]德·恰托巴底亚耶:《顺世论》,王世安译,商务印书馆1992年版,第391页。
　　②　[印度]德·恰托巴底亚耶:《顺世论》,王世安译,商务印书馆1992年版,第341页。
　　③　[日]立川武藏:《曼陀罗(坛城)的结构和功能》,熊文彬译,《国外藏学译文集》(13辑),西藏人民出版社1997年版,第371页。

与太阳具有相同或类似的蕴含"这一结论的有效性①。在原始文化中,也确有大量证据显示日神与生殖神往往合二为一,这一发现对曼荼罗的文化解释富于启示。大日如来很可能既是日神,又是农业—生殖神,这一身份与环绕它的金刚、莲花的文化意义又构成相互印证的关系。

　　吠陀文化和非吠陀文化是印度文化的两大主干。雅利安人进入印度前,以农耕文化为主的非吠陀文化占据主流。雅利安化后,雅利安人带来的游牧文化融入印度原有文化,形成以吠陀经典为代表的吠陀文化。在上层式微的非吠陀文化一直在底层流动,影响着人们的观念、行为及各种教派的形成,其特点集中于"密教和它的极端强调阴性法则"②,印度历史学家高善必说:"总有少数人,对于他们,巫术、生殖仪式和部落秘密信仰似乎至关重要。"③与佛陀同时代的外道末伽黎·拘舍罗就是这样的异端,他赤身裸体、饮酒并进行生殖崇拜仪式,无疑是密教精神的直接体现④。作为一种文化元素,密教消融在佛教、耆那教、印度教等雅利安化宗教中,"这些秘密修行当它与湿婆教派和性力教派的神学玄想相结合的时候,就产生了湿婆教派和性力教派的密宗;当它们与佛教的玄想相结合时就产生了佛教密宗拼凑起来的宗教体系"⑤。

　　密教的仪式目的在于"建立宇宙淫欲与人类淫欲之间的调谐"。⑥ 密教一词在梵文中写作 tantra,字根 tan 的意义是生殖,派生出的 tantra 自然带有生殖文化的含义,这与密教本身的表现和宗旨相符。在密教的影响下,佛教产生了自己的秘密宗派即密宗。不论密教,还是密宗,其修法都潜藏着更为原始的农

---

　　① [瑞士]卡尔·荣格:《心理学与文学》,冯川、苏克译,生活·读书·新知三联书店1987年版,第104—106页。

　　② [印度]德·恰托巴底亚耶:《顺世论》,王世安译,商务印书馆1992年版,第323页。

　　③ [印度]D.D.高善必:《印度古代文化与文明史纲》,王树英等译,商务印书馆1998年版,第117页。

　　④ [印度]D.D.高善必:《印度古代文化与文明史纲》,王树英等译,商务印书馆1998年版,第116—117页。

　　⑤ [印度]德·恰托巴底亚耶:《顺世论》,王世安译,商务印书馆1992年版,第396页。

　　⑥ [印度]德·恰托巴底亚耶:《顺世论》,王世安译,商务印书馆1992年版,第404页。

业或生殖巫术母题。在印度古代社会，生殖巫术与农业巫术往往重叠，仪式行为者每每一举两得。例如，在拉杰马哈尔山的农耕节上，未婚男女可以不受谴责地放纵自己的性活动。春节期间，阿萨姆邦一些部落的妇女可以为所欲为，而不冒丧失名誉之险。梵文有个词 langalam，既表示犁，也表示男性器官，暗示犁地与交媾的关联①等。密教与农业社会的生殖崇拜密切相关，"密教既非佛教，也不是印度教，它本来是简单的属于农业的"②，同时，"自然的生产活力与人类的，或者更确切地说与妇女的生育功能有关"③。如果我们意识到这一点，曼荼罗就有了一种新的赋义维度，得以还原其更为原始的意义。

（三）多义复合体

经过漫长的历史流变，曼荼罗已成为一个"多义复合体"。它包含的意义就像江河冲刷后的沉积物，层层覆盖，那些积压在底层的意义最容易被人遗忘。宗教解释者根据教义教理来解释曼荼罗，在封闭的话语系统内作形而上思辨、想象与象征表达，突出曼荼罗的晚期含义特别是经典化的佛教义理，而忽视曼荼罗原初的文化语境。然而，正像它的名称所指，密宗图符隐藏着与今天的文明形态殊异的"秘密"语境。这种语境不是佛教尤其显宗化的话语系统所能涵括的，因而曼荼罗变得神秘莫测，易被"误读"。在很大程度上，"误读"源于对密教原始语境的遗忘或遮蔽。在宗教文明的进程中，曼荼罗的"密义"被"显义"覆盖、改写，就像在取得正统地位的显教那里，密教受到排挤或整编一样。这种改写最初的权力支配目的渐渐被人们遗忘，至于那隐含的、比密教更远的原始文化意义、语境则更加邈远难求，因为"从各个方面以各种形式，外来的而且时常是对立的思想不断地被移植到原始密教身上，致使从密教

---

① [印度]德·恰托巴底亚耶：《顺世论》，王世安译，商务印书馆 1992 年版，第 380—386 页。

② [印度]德·恰托巴底亚耶：《顺世论》，王世安译，商务印书馆 1992 年版，第 396 页。

③ [印度]德·恰托巴底亚耶：《顺世论》，王世安译，商务印书馆 1992 年版，第 343 页。

的经典很难发现密教的真面目。……研究密教的现代学者对于这些移植的成分一般都感到比较熟悉，因为这些东西很符合他们自己的成见"①。

普里查德曾说："解释可以建立在不同的层面上。……每一种解释都可以对同一现象的不同特征做出解释。"②进而言之，笔者认为解释与解释之间的关系（对抗或转换的"解释间性"，intertextuality of interpretation，可以合成这样一个词来表述）也值得解释，也像普里查德针对土著概念的翻译时说的，"不仅要质问我们如此翻译的这个词在土著人看来是什么意思，而且必须质问用来翻译的那个词对翻译者及其读者来说是什么意思。我们不得不确定双方的意义"③。

在宗教解释与文化解释的转换中，选择相对形而下的赋义路径，透过宗教解释先在的遮蔽与隐喻，不仅可以还原包括曼荼罗在内的宗教图符以原始文化衍生物的面目，也能发掘其中相互冲突却暗含联系的解释动机与内涵之间的张力，从而使它成为一种双重解释的有效标靶。

二、卍字、十相自在、生命之轮

在藏族宗教艺术中，卍（卐）字、十相自在、生命之轮等是广泛存在的图符，也是极具藏族文化特征的典型符号。

（一）卍（卐）字符

在汉语中"卍"读作"万"，这是北魏菩提流支《十地经论》中首创的译法，后来广为流行，而中国历史上最著名的两个佛经翻译大家鸠摩罗什和玄奘都将其译为"德"字，取万德庄严之意。藏语中"卍"（"卐"）读作"雍仲"，"雍"

---

① ［印度］德·恰托巴底亚耶：《顺世论》，王世安译，商务印书馆1992年版，第390页。
② ［英］E.E.埃文斯-普里查德：《原始宗教理论》，孙尚扬译，商务印书馆2002年版，第21页。
③ ［英］E.E.埃文斯-普里查德：《原始宗教理论》，孙尚扬译，商务印书馆2002年版，第15页。

代表诸法的真谛与空性,"仲"是无灭的意思。藏族认为"卐"①象征永恒不灭的空性,卍被视为佛祖心印。

许多人以为"卍"是佛教的专用符号,因为常见的佛陀造像就胸绘卍字,且"从胸万字,涌出宝光"②的形象令人印象深刻。有些造像,不仅胸前,手足、腰间等处有皆有卍字。此外,卍也被广泛运用到佛教仪式和庙宇的装饰上。汉藏两地佛教中的卍被追溯到印度佛教,卍字也就被许多现代人认为是印度文化的代表性符号。确实,在印度无论印度教、佛教还是耆那教都广泛使用这一符号。不过,我们也发现在其他许多文化中,"卍"字出现的时间比在印度大陆还要早。

目前已知最古老的万字符出现于乌克兰梅辛的一件旧石器时代晚期的长毛象牙雕刻上,距今很可能已经 12000 年;保加利亚德芙塔什卡洞穴中的陶器上有正向与反向的卐字图案,距今大约 8000 年。③ 美索不达米亚的卍字形符号的陶器距今约 7000 年;伊朗巴昆遗址绘有卍字的彩陶距今在 5500 年以上;两河流域苏美尔人文化中也出土了大量有卍字图符的物品,距今大约 5000年。印度河流域发现的最早的万字符在摩亨佐·达罗遗址,距今在 4600 年到4000 年间。此外,公元前 10 世纪至前 8 世纪爱琴海沿岸的古希腊人普遍流行使用的彩陶器皿上许多都绘有卍字图形,卍字符也出现在雅典娜女神和巴特农神殿祭司的衣饰上,而在古希腊神殿和建筑中卍经常以一种连续图案出现。世界各地古老的文化遗存中均有卍字符的身影,可见,它代表了人类原始且普遍的心理,人类学家将类似的图符统称为十字纹或太阳纹,它与人类最古

① 万字符有两种写法,一般来说汉地佛教和藏族的苯教使用左旋的卍,藏传佛教和受藏传佛教影响的蒙古佛教使用右旋的卐,日本大正藏亦采用右旋说。笔者在行文中往往根据使用主体的不同而选择不同方向的万字。
② 《大佛顶首楞严经》卷一,般刺密帝译,佛门网:http://www.fomen123.com/fo/jingdian/lyj/lenyanjing/5174.html。
③ [英]萨拉·巴特利特:《符号中的历史》,范明瑛、王敏雯译,北京联合出版公司 2016 年版,第 128 页。

老的太阳崇拜息息相关,或许也是一种古老的生殖符号。

诸多材料证明藏区的"卍"字并非只有印度一个来源,在藏族本土古老的象雄本教中就已经开始使用这个符号了。象雄是藏族的文化源头,在吐蕃王朝以前就已经存在,它的历史虽然没有西藏人宣称的距今18000年那么久,但肯定早于印度佛教传入西藏的年代。也就是说,在没有印度文化影响的前提下,藏族人民就已经开始绘制和使用"卍"字符了。象雄本教的宇宙观认为,宇宙之中心为俄摩隆仁,它在青藏高原深处的某个隐秘的地方。该地形如八瓣莲花,中央为九层雍仲山,周围被四大丛林环抱,山脚下四条大江流向东西南北四个方向,象雄苯教的创始人辛饶弥且沃就诞生于此,此山通过一条名为"地之肚脐"的隐秘通道与世界进行沟通和联系。可以看出,卍字在本教中具有核心的地位,九层雍仲(卍)山被视作世界之中心。九层雍仲山亦即位于象雄文化中心区域阿里的冈仁波钦,它是冈底斯冈山脉的主峰,是雍仲本教、印度佛教、印度教及古耆那教共同尊奉的圣山。有人推测雍仲本教的"卍"字可能是雍仲山地形结构的模拟,代表了藏族早期对世界图景的基本想象。

(二)十相自在

十相自在(藏语音"朗久旺丹",图2-3)是密宗金刚乘本尊与曼荼罗合一的图案,具有十分神秘的力量。这种图案在藏传佛教里十分常见。除了绘制在佛堂、壁画、唐卡上外,藏族还喜欢将其做成护身符佩戴在胸前。"朗久"译为"十相",即十个符号,包括七个梵文字和日(圆点,亦称明点)、新月、竖笔形(也称慧尖)三个图案。旺丹直译为具有力量,通常被译作"自在"。所谓十相自在可以理解为具有神圣力量的十个符号,它们分别表征寿自在、心自在、愿自在、业自在、受生自在、资具自在、解自在、神力自在、法自在、智自在。

七个梵文读音依次为亚(ya)、热(ra)、瓦(wa)、拉(la)、玛(ma)、恰(ksha)、哈(ha)。"'亚、热、瓦、拉'四个字,顺次标志所依无量宫基风、火、水、土四轮;'玛'字标志须弥山及无量宫;'恰'字标志能依者身、语、意本尊;

图2-3 十相自在

（出自《唐卡奇珍:中国古代唐卡艺术鉴赏》）

'哈'字标志胸轮诸本尊;新月、圆点及竖笔形,依次标志顶轮本尊之身、语、意。"①

我们在哈、恰、玛、拉、瓦、热、亚(前述七个梵文字'亚、热、瓦、拉、玛、恰、哈'的倒序)的前面加上神秘的真言"唵"(om)②,后面以娑哈(soha)结尾,就是一段完整的时轮金刚咒。在藏族宗教中,以藏文书写的最普遍的咒语是六

---

① 扬之水:《移植与嬗变——明代金银饰品中的藏传佛教艺术》,《中国文化》2009年第1期。

② "唵"的字源出于《梨俱吠陀》,该字是一种神秘的真言,在印度教、佛教和耆那教中具有神圣的地位。在印度的哲学、宗教体系中,"唵"代表创世之初包含一切的神秘实体。唵有时也读作"嗡"(aum),印度教派中的往世书印度教认为嗡是梵天(a)、毗湿奴(u)、湿婆(m)三大神合体的神秘称呼。藏传佛教著名的六字真言也是以"嗡"开头,六字真言的读音为"翁嘛呢叭咪吽",翻译为汉语即是"嗡,莲花中的珍宝,吽",其中的"嗡"只取其神圣的声而无法翻译出具体的意思。

字真言,而以梵文书写的最著名的咒语就是时轮金刚咒了。时轮金刚是藏传佛教五大金刚之一,该咒依据的经典是《时轮经》,时轮金刚法属金刚乘无上瑜伽部的无二密续,在 13 世纪时传入并盛行于西藏。十相自在的十个符号表达了时轮金刚法的最高教义,十个符号又与人体内外的各个部位及欲界、色界、无色界三界有联系,作为本体的符号与符号背后作为喻体的意义共同构成复杂的辩证体系。

(三)生命之轮

图 2-4　生命之轮

在藏区几乎每个寺院的山门上都绘有生命之轮图(图 2-4),图案的基本形式为四个层层套叠在一起同心圆,从内向外,分别对应三毒、中阴界、六道、十二因缘,其内容不仅涵盖了佛教三界空间,也深刻表现了原始佛法四圣谛及十二因缘等核心教法,使观者直观了悟三界轮回的真相以获证佛法的神圣真谛,最终迈向超越。在四层同心圆的外围,这一包含生命最核心秘密的轮由象征无常的阎魔死主紧紧掌控,因此,我们也可以把这幅图看作是一幅佛教意义上的宇宙画像。当佛陀透过阎魔死主设置的种种障碍窥破了生命的奥秘,一个由佛教智慧开启的呈现着生命真谛的世界渐次打开,佛教徒可以透过此达到解脱之境。

佛教教义的起点在人生是苦,然后在闻思修中寻找苦的根源和摆脱苦的方法,最终通达解脱的涅槃之境。佛教四谛说中,苦的根源被称作集谛。佛教寻找到的苦之根源有多种,不过最根本的还是贪嗔痴三毒,在生命之轮中,贪嗔痴三毒被具象化,由鸽子、蛇和猪分别代表。宗教艺术中抽象的教义只能借助于生动的艺术形象,但形象毕竟不是教义,其间有一些转换的逻辑,譬如蛇为什么代表嗔恨,这就产生了表征与被表征间象征式的隐秘联系。这是最内一圈。

从内向外的第二圈为中阴圈,中阴指人死后到在另一期生命出生之前的阶段。这一阶段被象征性地描述为死亡和再生之间的四十九天。三界、六道所有众生,死此生彼,都要经过中阴阶段。不过,并非佛教所有教派都信仰中阴身,比如部派佛教中的大众部、化地部、分别说部、南传上座部就不相信所谓的中阴身。各教派中尤以藏传佛教密宗特别重视中阴,以"中阴成佛"、"中阴救度"为超脱生死的重要秘诀。中阴信仰甚至成为藏族民间宗教的核心内容。在生命之轮图中,中阴圈被分为黑白两色,左边白色的半圈内有几个上升的人,他们因即将投生到天、人、阿修罗三善道喜形于色;右边黑色半圈内充满了赤身裸体、愁容满面的人和动物,他们将会堕落到地狱、恶鬼、畜生三恶道。中阴圈依然是在揭示人生苦难的原因,象征集谛的教法内涵。

第三圈画面表现的是六道。六道是指世间有情解脱成佛前在业力牵引下一直迁转不已的六个世界,分别是地狱、饿鬼、畜生、阿修罗、人、天。六道部分占据的画面空间最大。由于既有描摹现实的人道、畜生道,又有需要充分想象力的地狱道、饿鬼道、天道等,要求艺术家具有高超的捕捉形象、叙事表达和想象的能力。

最外一圈为十二因缘,十二因缘讲有情生死流转的过程,包括无明、行、识、名色、六入、触、受、爱、取、有、生、死。据说当年尚未成佛的悉达多王子在菩提树下结跏趺坐,苦苦思道四十九天,终于证悟。十二因缘是佛陀思考的重要内容。在生命之轮图中,顺时针排列的就是这一思考的逻辑推演过程。王子悟道是从第十二缘起反向推论的,在图中表现为逆时针,他思考的起点在于追问人为什么会死,怎样才可以摆脱死,于是发现了(12)"死"(一人背负尸体)缘于(11)"生"(妇女分娩),不出生就无所谓死;生缘于(10)"有"(二人拥抱),有指业力,没有前世的业力就没有此世之生;有缘于(9)"取"(采摘树上的果实),取指人的执着行为,无人的执着追求就不会产生追求的结果"有";取缘于(8)"爱"(女子为男子性服务),爱指欲望,没有欲望就不会去取;爱缘于(7)"受"(男子眼睛被刺),受指我们的内心感受,没有感受就不会产生欲望;受缘于(6)"触"(相拥的男女),触即与外界世界的接触,没有接触就没有感受;触缘于(5)"六入"(一屋子有六扇窗户),六入指眼耳鼻舌身意六种感觉器官,无感觉器官我们就无法与外界接触;六入缘于(4)"名色"(船上有两人),名为精神,色为肉身,正因为有情的肉身与精神合为一体,才会有六种感觉器官以及这些感觉器官的感觉能力;名色缘于(3)"识"(猴攀树枝),识即意识,没有意识,无论肉身还是心灵都无法起作用;识缘于(2)"行"(一人制陶),行即意志活动,有意志活动才会产生行;行缘(1)"无明"(一盲人拄着拐杖行走),愚昧无知才会产生行。

通过十二幅日常生活画面,由浅入深阐发佛教深奥玄秘的教法,十二因缘图展示了艺术在传播佛教时的巨大作用,当然其中每一幅画与宗教教义间的依然不是直接的关联,而是充满了隐秘的而玄奥的象征关系。

卍字、十相自在、生命之轮经历史长河的洗涤、发展、衍变,以及受周边文化的浸染,图符所代表的意义形成了某种难以完全厘清的多义性。比如卍与太阳崇拜、生殖崇拜相关的原初意义,在印度教、耆那教和藏族原始宗教中,它代表宇宙中心的观念,后起的佛教理论将其视作空性之象征,20世纪德国纳粹借用这一符号来表明自己与雅利安文化的纯正联系，更加剧了不同时空不同文化背景中卍（卐）字各种意义的混乱状况。而更为复杂的十相自在和生命之轮，图符内部各元素间也有形成了错综复杂的关联，进一步加剧了复杂性。比如生命之轮除了每一圈所具有的宗教象征意义外，各圈层间又构成值得进一步分析的关系。佛教的最高理想是觉悟，而导致我们不觉悟的根源恰是众生难以克服的贪嗔痴三种根本特性（第一圈层），贪嗔痴"三毒"是佛教为人生是苦这个第一问题寻找到的根本答案，三毒直接导致我们经中阴界（第二圈层）而堕入六道（第三圈层），第四圈层的十二因缘形象化地再现了当初佛陀悟道的思想过程，实际上依然还是在为人生苦难寻找根源。对人生苦的原因的追索是佛教四圣谛之集谛，十二因缘找到的"无明"与最内圈层三毒说相互呼应，都是集谛的重要内容。

另一种认识宗教图符的方法是将其分解为一些更基本的几何图形，之前我们努力寻找符号本身以及符号内部的宗教解释，被赋予诸多意涵的符号变得越来越丰富，也越来越庞杂。现在反其道而行之，将卍与十字、十相自在、生命之轮与圆相联系，我们发现这些图符往往与太阳、月亮、星辰等自然力量息息相关，简朴的几何造型凝结了人类文明起源之初的伟大力量。事实上，所谓象征都有一种将简洁清晰的图案、奇异神秘的现象与深刻感悟联结起来的趋势，因为人类总是渴望通过艺术、传说或信仰来表达核心体验。荣格曾经说过"每一种心理表达都是象征，条件是我们先假设：这类象征除了本身意义外，也代表我们目前不明白的某种事物"，荣格的理论这让我们明白了象征为什么总是那么神秘且充满力量。因为它可以让人的心灵在对某种共通的符号惊鸿一瞥的瞬间，突然"回忆起"、"看见"或"领悟到"世界的真相和宇宙隐秘的事实。

三、隐秘

在密宗金刚乘的影响下，藏族宗教艺术充满了秘密隐晦的象征意味。例如密宗中常常遭到世人误解的相拥的男女双身佛形象,如果仅仅依据艺术形象而不考虑它隐秘的宗教奥义,会对其作过分写实的理解。实际上双身佛代表的是智慧(女性)与慈悲力(男性)的结合,这种和合而无欲的境界是精神上狂喜之后所实现的最高的乐。① 此外,双身佛还表现彼此对立的力量间的相互作用和影响。宗教感受是超验性的,宗教给予(承诺)信徒的主要是一种精神体验,佛教的终极解脱境界中所谓极乐、极自在、极空灵等本身就没有一个直接对应物,为了便于信徒理解和接受,宗教艺术便选择人们相对易于理解的方式,比如用男女相拥的双身像象征大乐境地,因为对于一般信众来说,精神之狂喜是一种过于抽象的描述,用形象的方式来表现则变得较易理解。仔细品味,这其间实现了两次转折,第一是二者在体验上的相通性,第二则将身体与心灵的体验转化为具体可感的艺术形象,用艺术形象来表达宗教境界。

用视觉形象来表达宗教体验与寓意还有一个原因,宗教修习者在记录与叙述其终极的宗教体验时,往往将其描述为一种视觉形象,例如一团巨大的光。修行者虽常用大乐、光明、狂喜、无垢、万宗归一等无法具象化的神秘字眼表达佛教修行的终极体验,但这种感受许多时候也被认为是一种超越了概念、难以用语言描述清楚的视觉形象,而且不同时间不同地点的相距遥远的人们在描述其感受时具有惊人的视觉相似性,证明了宗教境界与艺术形象的不谋而合。

充满隐秘意味的象征物又例如许多佛像手持的佛教法器,金刚杵代表"核心"和男性的创造力。其细部隐藏着诸多象征意义,金刚杵的长度多为十二指,表明它灭除了因缘链条上的十二因缘;其中心的圆形被看作终极真谛"空"的象征;中心点两侧各有三个斜向上升的圆圈围着两个莲花底座,三个圈代表空解脱门、无相解脱门、无作解脱门三门;② 莲花底座各有八个莲瓣,上

---

① [英]约翰·布洛菲尔德:《西藏佛教密宗》,耿升译,西藏人民出版社 2003 年版,第54页。

② 寺院的山门一般有三个,故又称"三门",即空门、无相门、无作门,象征"三解脱"。

边的八个莲瓣象征八大男性菩萨,下面的八个莲瓣象征八大天女或女性菩萨,
十六莲瓣象征十六菩萨和大乘佛教经文列出的十六空;莲座上面一圈的顶部
各有一个扁平的圆盘,分别代表月亮和太阳,进而代表方便与智慧、相对真理
和绝对真理的结合,俗谛和真谛的结合①(图2-5、图2-6)。

**图2-5　股叉并拢和打开的金刚杵,善相神所持的金刚杵五股股叉并拢,代表
平和;怒相神所持金刚杵股叉分开,象征神具有毁灭一切愚痴虚妄的金刚力量**
(出自《藏传佛教象征符号与器物图解》)

金刚铃则代表莲花和女性的般若智慧,它直接体现空性。金刚铃由上部
的手柄和主体的铃身构成。手柄底部是长寿甘露瓶,大智慧波罗蜜多女神的
头从瓶顶伸出,她戴着珠宝头冠,头发拢在脑后形成发髻,代表着把一切观点
束缚在一个单一、非二元的现实中;②铃身部分代表修行者的本尊及本尊的坛
城,从下而上包括一圈32或64个直立的金刚杵象征的保护坛城的"金刚
栏";中间部分八张饕餮脸,上挂成串的珍珠,饕餮代表八大摩羯头或八大尸
林,珠宝代表坛城宫墙复杂的装饰性结构;在饕餮之间有金轮、莲花、金刚杵等
八大菩萨的象征物;之后是两圈环围着水平放置的金刚杵的珍珠,代表坛城的

---

　　①　[英]罗伯特·比尔:《藏传佛教象征符号与器物图解》,向红笳译,中国藏学出版社2014
年版,第95—96页。
　　②　[英]罗伯特·比尔:《藏传佛教象征符号与器物图解》,向红笳译,中国藏学出版社2014
年版,第101—102页。

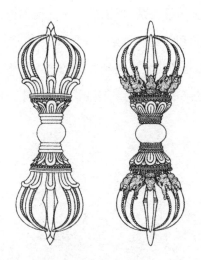

图2-6 九股金刚杵。左,股叉从莲瓣中伸出;右,股叉从摩羯嘴中伸出
(出自《藏传佛教象征符号与器物图解》)

内墙装饰。再往上又是八瓣莲花,每一莲瓣上刻有特定的藏文字母(图2-7)。修持者的"智慧"左手一般拿阴性的法铃,"方法"右手握阳性的金刚杵,"金刚杵的五个股叉代表六度的'阳性'五度,即布施、持戒、忍辱、精进、禅定。法铃的开口部分代表六度中的第六'阴性'度——智慧"①,两相结合达到圆满。

　　藏传佛教将常用法器冠以"金刚"之名,因为佛、佛法具有无上的威力,像坚硬、威猛等形容词最好的表达方式也是用现实或传说中的坚硬、威猛的东西来表达,而金刚在金属中最坚固,最具无坚不摧的力量,将杵、铃等法器冠以金刚之名潜藏着隐喻的手法。实际上,也同样可以看作一种象征。② 我们可以说藏传佛教造像中佛菩萨手持的每一种器物无不具有象征的意味,画面背景

---

　　① [英]罗伯特·比尔:《藏传佛教象征符号与器物图解》,向红笳译,中国藏学出版社2014年版,第99页。

　　② 按照歌德的看法,象征只表现意象,而标准的隐喻则同时强调意象和概念。[德]歌德:《格言与感想》,第1113页,转引自[美]M.H.阿伯拉姆:《简明外国文学词典》,曾中禄、郑子红、邓建标译,湖南人民出版社1987年版,第363—364页。也就是说,象征是一事物指代另一事物,这也是象征的广义用法。

图 2-7　（左）金刚铃,（右上）带铃舌的金刚铃的横切面,
（右下）金刚铃肩上八瓣莲花上的藏文
（出自《藏传佛教象征符号与器物图解》）

中的许多设计也往往蕴含着佛法的深刻奥义。

象征"以看得见的符号来表现看不见的事物",被象征的本体是抽象的,宗教修行就是要通向抽象的本体。藏传佛教为试图通向本体的人们造佛像、画唐卡、创制丰富的美轮美奂的艺术对象,但它清楚地知道,佛的造像不应当仅仅是为直白地模仿人像而设立,它不是一种现实主义的表达,而是想要将观者引入"像"后面的存在之源,引入一种宏大的宗教"力量"中,引我们面对它时极力赞叹、心甘情愿地臣服、膜拜,但又绝不只是赞叹、臣服和膜拜,之后必须有引人深思的东西。进一步说这思考也不是纯粹的理性思考,思考中有让我们知道绝无可能参破的东西,这就是神秘。这就是为什么宗教艺术总给我们一种隐秘的感觉的原因。宗教艺术的隐秘性将我们带离艺术的形式、形象去探寻形式后面的意义,这当然是对艺术的背离,不过我们之所以说隐秘是美的一种重要类型,恰在于在宗教艺术中宗教性与艺术性的竞争,结果往往使其兼具了宗教的理与艺术的美,许多时候艺术的自足性又使艺术的美超越了宗教的理,最终使宗教艺术成为独具神秘魅力的一种艺术形式。

第二节　畏　怖

在审美类型史上,丑从来就是对应于美的另一极,二者共同构成了审美的核心结构。受藏传佛教的影响,藏族的宗教艺术中逐渐展现出了"审丑"的取向。"丑"可以经由艺术上忠实地、效果充分地呈现化为神奇,也就具有了积极的艺术价值。

不同于印度犍陀罗样式佛像的低眉浅笑,也不同于汉地佛教造像的世俗化风格,藏族宗教艺术中的护法神像、羌姆面具大多狰狞恐怖,加上以人的头骨、胫骨制成的法器,骷髅饰品等这些令人恐惧的形象共同建构出独特的审"丑"世界。藏传佛教艺术中的"丑"兼具可畏、恐怖的特点,以"畏怖"命名更为恰当。理解这类形象需要了解其背后的文化象征,许多时候,这些令人畏惧、恐怖的艺术对象表现的不是忿怒,恰好相反,神像紧咬的牙关和凶神恶煞的表情代表运用全部力量与贪欲和幻境作斗争,手中的武器是破除烦恼和业力增长的力量,被踩踏在脚下的尸体是被破除的贪欲。用修行有成的喇嘛的头盖骨制成的嘎巴拉碗是用于举行灌顶仪式的法器,密宗修行者在行灌顶仪式时,用嘎巴拉碗盛酒,让修行者喝掉碗里的酒,意为使修行者的聪慧冲掉一切污秽。以两个亡童的头盖骨粘合而成,外蒙薄皮制成的嘎巴拉鼓既是乐器,也是密宗修法的常见法器,行密宗仪轨时,修法师手持嘎巴拉鼓左右摆动,以侧边软锤击打鼓面,发出的响声据说可以祛除邪魔。取自因难产而死的妇女胫骨的胫骨号,尖利的声音可以唤起世人厌世悲悯之心,而逝者也因为捐献这一行为洗清了前世深重的罪孽。

在审美类型研究史上,"审丑"作为美学类型之一是较为晚近的事情,丑可以进一步分化成次一级的范畴,如怪诞、畸形、滑稽、恐怖等。博学的意大利哲学家翁贝托·艾柯肯定了丑可以引起我们的审美判断,他在写作《美的历史》的同时,不忘写作另一本旗鼓相当的《丑的历史》,他说:"一张非洲仪式的面具会让西方人感到毛骨悚然,土著却可能视之为代表一个慈悲的神。反之,目睹基督受难、流血、遭受羞辱的画,非欧洲宗教的信徒可能心生憎厌,但这肉体之丑却会在基督徒心中引起共鸣和情感。"①他借用《麦克白》中一句台词表达对美丑关系的看法,即"美就是丑,丑就是美"②。藏传佛教密宗在用忿怒相代表诸佛时,也隐含了类似的佛法寓意,亦即美与丑不过是缘之一体两面,是佛法的不二实相。

在藏人的欣赏领域当中,"畏怖"具有广泛的作用,它无处不在,它创造了畸形与可怕,引发的最基本的美感反应是恐怖。一部分藏传佛教艺术之所以能够引起人们的恐怖感是因为它的丑恶的形式、夸张的造像底色以及配色,还有日常生活中常见的东西打乱重新组合而成的怪诞。但是当这种畏怖类艺术以一种全新的图式或者风格展现出来时,给人的冲击力是巨大的,一种崭新的、陌生的美感会将其内在的律动充分地演绎出来,人们在欣赏这些佛教艺术时会自觉或不自觉地涌出崇高感,此时宗教艺术才算是达到了它的目的。

一、"畏怖"诸现象

藏族宗教艺术的畏怖审美现象多见于唐卡、塑像、面具等造型艺术中,尤其体现在宗教器物、护法神及护法神的装饰性元素上。

(一)器物

藏族宗教器物种类繁多,包括宗教法器、礼器、战斗武器以及神灵所持神器。藏传佛教极其重视法器的作用,在制作上精雕细琢、复杂华丽,造型上、细节上处处充满宗教的象征寓意,体现了藏族宗教艺术繁复和隐秘的审美特征。

---

① [意大利]翁贝托·艾柯编著:《丑的历史》,彭淮栋译,中央编译出版社 2012 年版,第10 页。
② [意大利]翁贝托·艾柯编著:《丑的历史》,彭淮栋译,中央编译出版社 2012 年版,第20 页。

在材料选择和形象设计上既生动又恐怖,令使用者和观看者生出敬畏之心,又体现了畏怖的审美特征。

这些宗教器物所以有畏怖的特征基于以下一些原因。

1.制作材料多用人的器官肢骨

藏族常用的一些宗教法器是由人体器官肢骨做成的,包括头盖骨、颅骨、胫骨等。在藏传佛教中,死亡从来不是结束,它只是生命无数轮回转世中的一个节点,死者肉身可以再利用,这对信徒来说,也是一件利己利人的好事。

瑜伽师、大成就者、空行母、本尊和护法神的左手都持有一个嘎巴拉碗,这碗是用人的颅骨椭圆形的上半部制成,同时以水晶、黄金、绿松石等珍贵宝物作为装饰,辅以做工考究的雕刻工艺。嘎巴拉碗是修"无上瑜伽密部"举行灌顶仪式的法器。据说使用不同的头骨会产生不同的效力,使用修行有成的喇嘛的颅骨会具有很高的灵力,用被谋杀或被处决之人的颅骨是修怒相神的最有效的中介物,青春期死去的小孩和七八岁私生子的颅骨也具有极大的效力。嘎巴拉碗内常盛着甘露、精液、酒、多玛贡品以及鲜血、骨髓、肠子、脂肪、大脑和心肺等。怒相神手中的嘎巴拉碗常常带有"金刚标识",碗内多盛放血,这些血被描绘成旋转的样子。密宗认为,嘎巴拉碗代表神的心,血代表心内充盈着的大乐,更进一步,这代表"幻身"(白色颅骨)生成于"明光"(红色血液)。[①] 畏怖金刚左手所持的嘎巴拉碗与常见的嘎巴拉碗又稍有不同,颅骨的上面粘连着带有头发的头皮,意味着畏怖金刚的精神(头皮和头发)中盛满大慈的甘露(鲜血)。[②] 颅骨可以分为干、湿和滴血三种,分别对应旧的干枯的颅骨、湿漉漉正在变干的黄色颅骨和滴着鲜血的红色颅骨。某些教派认为,男性神手持的是用干颅骨制成的嘎巴拉碗,女性神灵手持湿颅骨制成的嘎巴拉碗。

① [英]罗伯特·比尔:《藏传佛教象征符号与器物图解》,向红笳译,中国藏学出版社 2014 年版,第 117—119 页。

② [英]罗伯特·比尔:《藏传佛教象征符号与器物图解》,向红笳译,中国藏学出版社 2014 年版,第 174 页。

嘎巴拉鼓又叫作"骷髅鼓"(图 2-8),藏语称其为"达玛茹"或"夔鼓",是用两块人头盖骨相背粘贴而成,并在两端蒙上猴皮,皮面涂罩绿色,再以金色绘制莲纹、摩羯纹等图案,左右垂物为骨坠,用来击打鼓面。嘎巴拉鼓既是乐器,也是密宗修法的常见法器,行密宗仪轨时,修法师手持嘎巴拉鼓左右摆动,以侧边软锤击打鼓面,发出的响声据说可以祛除邪魔。在

图 2-8　嘎巴拉鼓
(图片来自网络)

修行双身法时也会用到嘎巴拉鼓,此时所用的嘎巴拉鼓鼓身要用童男童女的头盖骨,一般情况下要求 16 岁男童和 12 岁女童的头盖骨,与通常的象征寓意一致,摇动的达玛茹象征男性方法与女性智慧的结合,当然也不能排除其中的性的意味。在过去制作达玛茹的材料主要来自尸林和天葬场的人颅骨,现在,这样的法器已经为数不多,现代制品有的是用猴子颅骨制成。

胫骨号,藏语名"刚当"(图 2-9),是一种由人的大腿骨精心制成单管或双管号筒,以黑线缠绕,用铜镶制号嘴为管嘴,大腿骨内的髓管成为天然的发声腔。胫骨号是寺院乐器,据说它的声音可以取悦怒相神,恫吓恶魔。瑜伽师、瑜伽母、大成就者和与"尸林"有关的智慧左手常手持这个器物,民间仪式中的降神者、咒师也常常使用胫骨号。密宗认为,取自 16 岁少女左大腿、16岁少年右大腿、因难产而死的妇女胫骨的胫骨号最具效力,尖利的声音可以唤起世人厌世悲悯之心,而这些不幸早逝的人也因为捐献这一行为洗清了前世深重的罪孽。老死者和自然死亡者的大腿骨降魔效果微弱。此外,老虎的大腿骨也可以制成胫骨号,因为老虎的凶猛力量在降魔方面也别具威力。现在的胫骨号筒大多是用金属模仿人的腿骨制成。

2.器官肢骨成为艺术中的有机组成部分

除了直接制作法器,被肢解的人体器官也可以绘制在艺术品中以体现某

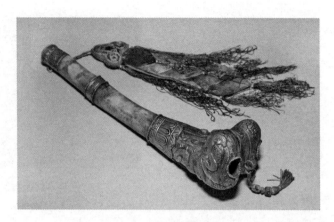

图 2-9　胫骨号

（图片来自网络）

种深刻的象征寓意,如四面梵天头、砍下的人头、人头项链与骷髅项链、断臂、断腿、肠子、心脏等,营造出一种血腥、恐怖氛围。那些我们常见的人体器官被艺术化的修饰和重塑重组以后就变得具有非同寻常的意义。

印度教中的创造之神梵天的经典形象为四个头、四只手臂,被纳入佛教护法神系统后,称为"四面佛"。四面梵天头是藏传佛教神灵智慧左手的手持法器,在金刚乘肖像画法当中,本尊神的"智慧"左手通常都握着梵天头,并同时用手揪着梵天头高高隆起的盘发使之来回摇摆。一些忿怒相神灵将人头作为手持器物,这代表着要将一切抽象和有形的概念断灭。这些人头可以是被割下的邪魔鬼怪的头,显而易见,意思是神灵已经将邪魔鬼怪制服并杀死或者断灭你正在遭遇的诱惑。时轮金刚的怒相化身金刚力士的左手就提着一个恶魔头。半怒相、怒相本尊及护法神通常会戴用人头或者骷髅串成的人头项链或骷髅项链。一般来讲,男神佩戴人头项链,女神佩戴骷髅项链,因为人头象征阳性的"色",骷髅象征阴性的"空"。人头和骷髅的数目大多为五十,代表梵文中的十六元音加三十四辅音,它们共同象征"三密"之"语"的纯洁。将人头和骷髅穿在一起的是人肠,肠子代表的是万物虚幻的本质,该寓意大概源于肠子能将各种食物消化为粪便。肠子可以画在垂悬的皮帷帐上,可以盛放在嘎

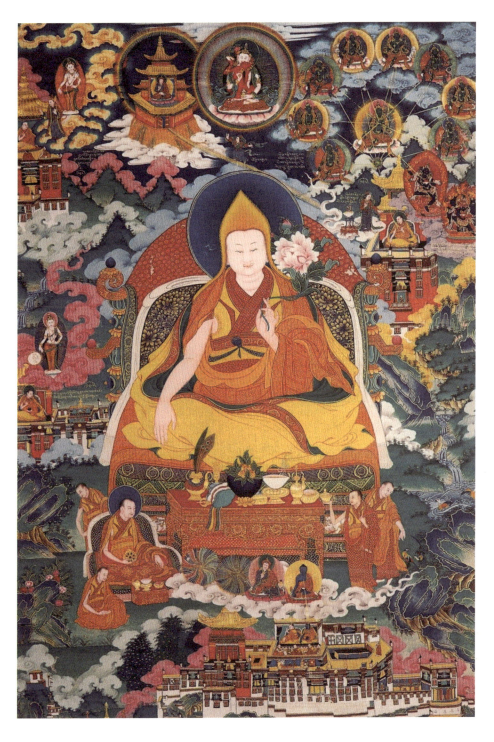

2-6 《五世达赖喇嘛传》（18 世纪，布达拉宫藏）
（出自朱庆辰主编画册《看不见的唐卡》，五洲传播出版社 2016 年版）

2-10 《五守护佛母坛城》（15世纪，布达拉宫藏）
（出自朱庆辰主编画册《看不见的唐卡》，五洲传播出版社2016年版）

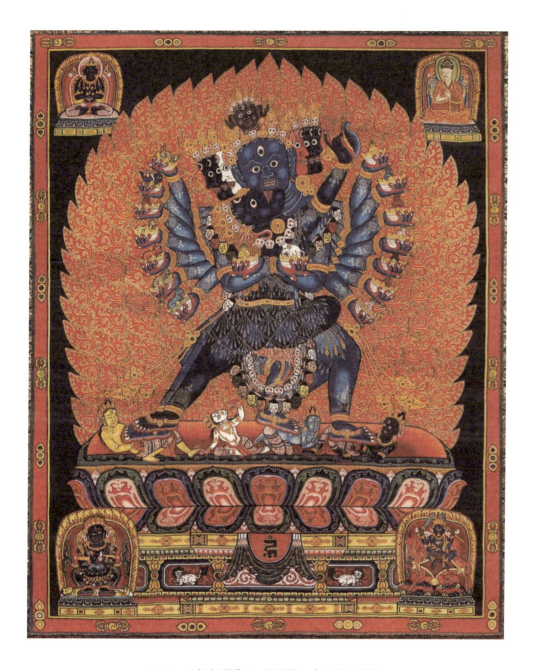

2-15 《喜金刚像》（明代，布达拉宫藏）

(2-15 出自朱庆辰主编画册《看不见的唐卡》，五洲传播出版社 2016 年版)

2-18《大白伞盖佛母》（近代）

（2-18 出自李飞编著《唐卡奇珍——中国古代唐卡艺术鉴赏》，西泠印
社出版社 2011 年版）

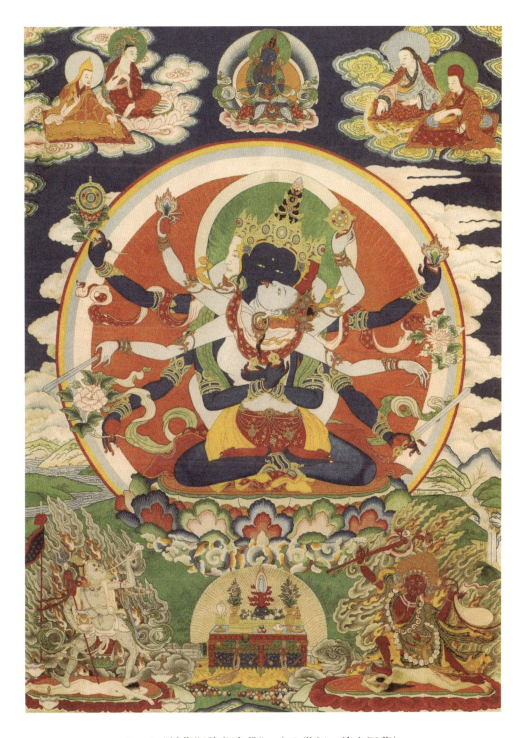

2-19《绣像阳体秘密佛》（18 世纪，清宫旧藏）
（出自王家鹏主编：《藏传佛教唐卡：故宫博物院藏文物珍品大系》，
上海科学技术出版社、香港商务印书馆 2003 年版）

2—22　嘉绒藏族民居的门　（摄于马尔康县）

2-23 嘉绒藏族民居的窗（摄于马尔康县）

3-13 《独雄大威德金刚》（18世纪，西藏博物馆）
（出自朱庆辰主编画册《看不见的唐卡》，五洲传播出版社2016年版）

巴拉碗内,也可以作为畏怖金刚和大红马头金刚的手持器物,他们手握索状的肠子,展示了万物的虚空的本性。

图2-10　尸林怙主

(图片来自网络)

八大尸(寒)林①最初是古印度的八大墓地,尸林非清净之所,但佛教将其作为重要的修行场所,佛教徒和密宗瑜伽师通过种种实践在此修行获得成就。随着密教的兴盛,尸林一方面成为重要的修行场所,另一方面是各种法物的来源地。尸林怙主又叫尸陀林主,是掌管墓地的墓葬主。尸林怙主(图2-10)形象阴森恐怖,身体是没有血肉的白色骷髅架,一头双臂,三目红圆,头戴五颅冠,顶上以半金刚杵作为饰物,脚踏在莲花日月轮垫上的海螺和贝壳上,男尊右手高举人骨杖,左手托着盛着鲜血的颅器,女尊则右持宝瓶,左手高举果穗。尸林怙主有八件"饰品",全都令人不寒而栗,三件为涂抹在脸上的:(1)涂抹前额的尸灰点子;(2)涂抹脸颊和鼻子的鲜血明点;(3)涂抹下颌和喉部的人

---

① 八大尸林包括东西南北四大方位尸林和东南、西南、西北、东北四小方位尸林,分别是东方暴虐寒林、南方骨锁寒林、西方金刚焰寒林、北方密丛寒林、东南方吉祥寒林、西南方幽暗寒林、西北方啾啾寒林、东北方狂笑寒林。八大尸林最初是古印度的八大墓地。佛教则将这样的场所作为重要的修行场所。

油胭脂。三件为围在身体上的:(4)象皮披肩;(5)脖子上的恶人全皮;(6)虎皮围裙。两件为配饰:(7)五种姓龙神的"旋转蛇饰";(8)五骷髅冠头饰和五十五个干骷髅或新割的人头做成的头饰。

尸林陀主绘画、怒相神坛城的周边环境以及勇士神、阎魔、大黑天神等怒相神的眷属的手持物中常常有被肢解的身体部位,比如被砍下的四肢,肠子、心脏等。这些被肢解的人体器官不是简单的用来恫吓人们,也不是单纯为了营造"畏怖"的氛围,而是有着深刻的象征意义。例如怖畏金刚的三只左手握有两根断臂和一条断腿,其中一条胳膊画有右前臂和手,四根手指向外伸出,四根伸出的手指象征着密宗"四业",即息、增、怀、诛四种事业和功德。怖畏金刚手握的第二只手是一只左前臂,手臂上的食指上翘,呈恫吓的期克手印①,象征着他的愤怒及向一切邪恶魔敌进行恫吓。而那条砍下的断腿象征着怖畏金刚可以率领芸芸众生即刻踏上顿悟之路,也象征着开阔的胸襟,允许修持者进入佛门。在绘画中,人的心脏、敌人的心脏和恶魔的心脏常被画作红色的莲花花苞状,花苞下是盛开莲瓣的血管托,拖着单股、双股或三股命脉纤维尾巴。心脏常常被作为器物握在怒相神手中,或者被放在嘎巴拉碗中,或者被神灵捧在胸前,或者被神灵塞入口中,抑或是被神灵高高举起以宣示对敌人的胜利,又或者画作黑蛇阎魔的手持之物,鲜血淋漓,正被两条毒蛇吞噬。在密宗金刚乘里,花苞状的心脏代表心部的金刚滴露,心瓣代表从心部发出的八大脉道,命脉纤维代表三大主要脉道。

在绘画作品中,密宗神灵的战斗武器中也大量使用人体器官肢骨以增强其威力,譬如转轮王、怖畏金刚、大黑天神手持的三股叉,可以在三股叉的下面画一个干枯的骷髅,使得三股叉的矛、钺刀、铁钩、短杖、天杖等刺、砍、钩、劈的

---

① 手印又称印契,指修法时双手与手指所结的各种姿势,这些姿势形成一套带有内在逻辑结构的符号系统,可以表现宗教意义与思想情感。印度、东南亚、汉地、藏地不同佛教文化圈都使用手印,但藏密系统因为将手印归于身、语、意三密中之身密,手印的运用尤其繁多。期克印食指从紧握或松弛的拳头中伸出,是代表恐怖或威胁的手势。上翘的食指象征着不动如来的字符"Hum"的凶残特质,这种特质可以恫吓一切邪恶之敌。

功能大大增强。许多神灵右手持骷髅棒，阎魔、怖畏金刚和尸陀林主等怒相神持骨架棒，前者在红色檀香木杆顶结一个白色骷髅头，骷髅头顶有珠宝饰或半截金刚杵饰，后者的形象更为恐怖，整个武器从顶部到底部全部用人体骨架制成，骷髅头下是人体骨架的脊椎、肋骨、骨盆，再下面为尾骨或者腿骨，形成一个完整的人体骨架武器。与此相近，女性怒相神譬如独髻母、以"瘟疫女神"化身显现的天母手持的武器尸棒则用硬直的僵尸、木乃伊状的尸体制成，尸体可以直接作武器。另有一种木棍从受害者肛门或阴道插入，从心脏、口或头顶穿出的弗戈更令人毛骨悚然，用尸棒作为武器可以摧毁一起危害佛教的敌人，弗戈上的尸体经常被认为是战败者的尸体，在宗教寓意上一方面表示甚至最顽固的人的恶业也可以被消除，另一方面棍子从肛门直穿头顶象征密宗修行从气进入，停留、融入中脉的"圆满次第"。

当人们在欣赏藏族宗教器物当中诸多的恐怖丑恶时，会产生一系列较为复杂多样的情绪，由于人们各自的审美经验和知识不同，所产生的恐怖、惊叹、崇高情绪的程度也大有不同。普通大众去观看"畏怖"所产生的情绪只是基础的和表面上的，单纯地被艺术表面感染，产生简单的害怕情绪。而信众却不一样，他们祈求神灵，在神灵面前忏悔赎罪，为自己的前生赎罪，为来世积攒功德，他们所观看的"畏怖"既是解救自己的一种方式，使自己摆脱罪恶免于苦难，也是一种警示，当看到邪魔遭受神灵的惩罚的样子时，似乎也会看到曾经犯过错误的自己，信众会告诫自己谨言慎行，多行善积德。

（二）动物

在造型类藏族宗教艺术中会出现大量的动物，有的是神灵的坐骑，有的是神灵降伏的对象，有的是一种宗教性的装饰符号，这些动物多为凶猛的兽类、爬虫与超现实的动物。常见的有豹、大象、狼、蛇、金翅鸟、饕餮、摩羯、龙、老虎、狮子等。其中的龙、金翅鸟、老虎和狮子四种动物是藏传佛教当中的"超自然动物"。在西藏，我们可以看到五色的经幡四角常绘有北方金翅大鹏鸟

(或鹰)、南方天龙、西方红虎、东方雪山白狮(或牦牛),居中的为身驮摩尼"三宝"着盛装奔走的马。经幡旗中的龙、金翅鸟、虎、狮子是汉地青龙、朱雀、白虎、玄武的变化,既象征宇宙的结构,又分别象征生命力(金翅大鹏鸟)、繁荣(天龙)、身体(红虎)和吉祥(雪山狮子)。中间的走马大多为一匹,也有两匹、四匹的,这些马藏语称"塔觉",代表逝者的灵魂,在经幡旗中"马"则被作为逝者死后的坐骑。

老虎也是许多神灵的坐骑,其中以忿怒神灵和好战神灵居多,骑着暴怒的老虎象征着大成就者或神灵的无畏及凌驾于他人之上的意志力。① 十三战神②中路神③的坐骑就是虎;被称作"杭边"的西方土地神骑着一只白虎。狮子作为百兽之王,象征着权力,因此我们看到佛陀端坐在由八头狮子承托起来的宝座之上;众神之主大自在天的一种变形为黑蓝色身形,右手持短斧,左手握一颗人心,骑一头狮子;其他神灵如多闻天王、普贤菩萨、文殊菩萨、象头神和吉祥长寿女神等的坐骑也是狮子。藏族的狮子叫雪山狮,它是长着绿色鬃毛的白色狮子,是掌管着西藏各大雪山的厉妖④。在印度文化中,白象是极为祥瑞的一种动物,是转轮王⑤的七政宝⑥之一。白象也是许多金刚乘神灵的

----

① [英]罗伯特·比尔:《藏传佛教象征符号与器物图解》,向红笳译,中国藏学出版社2014年版,第70页。

② 战神是指保护其崇拜者免受敌人伤害,并能帮助他们增加财富的一类神灵。有时也特指某个人的保护神,据说每个男孩都有自己的保护神,他位于男人的右肩上。此外还有整组的战神,被称作战神兄弟,有战神三兄弟、九兄弟、十三兄弟和二十一兄弟等。包含路神的这份十三战神名字出现在《大宝藏》8卷。

③ 路神能够在人们遭遇意外或者坠入河中时的救人。

④ 厉妖是能使人和牲畜感染瘟疫的一类凶恶邪魔。

⑤ 转轮王也可以译为宇宙王或帝王,这一名词的字面含义为"转轮者"或"无阻碍旋转的轮"。在印度教中,转轮是大神毗湿奴的标识,释迦摩尼佛被看作毗湿奴十大化身的第九化身,所以释迦摩尼是一位转轮王。佛教认为世间某一时段只能有一位转轮王,转轮王代表着世俗和宗教的权威,这样的人诞生时都有许多兆头,比如转轮王之母通常会在其诞生后不久去世,佛陀的母亲就在他出生后七天离世,转轮王去世时往往会出现日食,因为太阳也被视为转轮王的化身。

⑥ 转轮王出生往往伴随着七种宝物的出现,它们是:(1)金轮;(2)神珠;(3)玉女;(4)主藏臣;(5)白象;(6)绀马;(7)将军。其中绀马和白象是坐骑,象征不知疲倦的速度和力量。

坐骑,比如蓝色不动金刚部怙主的宝座就是由八头大象承托;众女神之主宗姆乌玛手持骷髅手杖和头盖骨碗,骑一头大象。一些较低等级的女神,被称作玛姆的众女神她们常常乘坐形形色色的野兽,这类神大多被描绘得很丑,黑色的肤色,干瘪的乳房,结块的发辫。大咒师玛姆住在世界的四方,东方的是黑色的狼脸玛姆,骑一只九头狼;南方的黄色玛姆,生着野狗的头,骑八条舌头的野狗;西方的红色狐面玛姆骑一只三腿铜雌狐。多吉色庆钦姆女神的坐骑是一头豹。

　　藏族对龙的崇拜由来已久,藏族的龙与汉地的龙很不同,早期的龙泛指水族动物,可以随时变身为蛇、蛙、鱼等形象。苯教兴起后,龙被纳入苯教的神祇系统,苯教《十万龙经》中的龙已衍变为一种人格化的神,大多是人身兽首,有人身蛇头、人身鸟头、人身虫头、人身马头,等等,但都有蛇尾或鱼尾。雍仲苯教将世界一分为三,"天空为神界,中间为赞界,下面为龙界",居住在地下,统领江河湖海的诸神就是龙神。苯教中的龙早期是一种恶神,是人类424种疾病的来源,这些疾病统称为"龙病"。后期龙神的职能不断扩大,也不断细化,有些龙神管人的贪婪与嫉妒,有的管战争与饥饿,有的管雷电、降雨,有的管疾病;有的是能带来幸福、平安的善神,有的是让牧区牲畜大量死亡、农区庄稼患各种病害的恶神,也有兼具善恶品性的神。[1] 被佛教收编后,龙成为了地下宝物和"伏藏"[2]的守护者,佛教有天龙八部之说,八部中以天、龙二部居首,龙部有无数龙王,专管兴云降雨,与中国的龙十分相似。佛教中的龙可以幻化成蛇形、半蛇形和人形,其渊源显然来自印度的蛇崇拜。佛教中某些忿怒相神常常将龙(蛇)踩在脚下或者佩戴一些令人骨寒毛竖的毒蛇当作饰物,这些蛇扭动着身躯,上下翻滚缠绕,有的蛇围在忿怒相神头冠的金刚杵上,有的成串或者是盘在一起作为神灵的耳饰,有的则围起来作为神灵的项链,还有一些神灵用

---

　　① 魏强:《论藏族龙神崇拜的发展演变及特点》,《青海民族大学学报》(社会科学版)2010年第3期。

　　② 伏藏是发掘出来的古代被人埋藏的藏文书籍的总称,大多被发现在11—13世纪前后。

缠绕在一起的绿蛇作为饰带或者是胸前佩戴的花环,还有的被称为"旋龙饰",成为服饰上的装饰,黑色的蛇则被用来编成环形花环作为神灵的手环、臂环和脚环。①

图 2-11　金翅鸟
（出自《藏传佛教象征符号与器物图解》）

神鸟之王金翅鸟（图 2-11），又称"迦楼罗"，源自古印度的神话，是佛教天龙八部之一。金翅鸟是一种凶禽，居于须弥山北方，两翼相距三十六万里，其形象为人面、鸟嘴、羽冠，腰部以上为人身，以下为鸟身。金翅鸟是蛇或龙众的宿敌，以龙为食。在佛教艺术中，正在吞食蛇的金翅鸟常常被画作佛庙甬道和菩提宝座的冠顶饰物。藏族艺术中的金翅鸟长着健壮的鸟腿，身体、肩膀和双手为人形，巨大的翅膀张开，头部最醒目的是宛如鹰或隼的坚硬的喙，它的双手抓住一条上下扑腾的龙王，尖利的喙咬住龙的中间，形象狂暴而生动。在西藏远古的象雄王国时期已经有一种古老的"琼"（大鹏）崇拜，在藏族的创世神话中大鹏鸟是分开混沌、创造天地的神鸟。来自印度教的金翅鸟与藏族本土神话中的大鹏相遇、混融，成为藏传佛教中的金翅大鹏鸟。金翅大鹏鸟共有黄、白、红、黑、蓝五种颜色，对应着五方佛，分别代表地、水、火、风和空。在五色经幡旗上，大鹏鸟位于北方，象征生命力。在印度金翅鸟是毗湿奴的坐骑，在西藏它成了北方绿色不空成就佛的坐骑，在宁玛派中，它是莲花生大师的某些怒相化身。

---

　　① ［英］罗伯特·比尔:《藏传佛教象征符号与器物图解》,向红笳译,中国藏学出版社 2014 年版,第 78—79 页。

　　在汉族的传说中，饕餮为上古四大凶兽之一。其形象为羊身，眼睛在腋下，虎齿人爪，有一个大头和一个大嘴，性格贪婪，尤其贪吃。在藏族艺术中，饕餮的形象是一张凶恶的没有下巴的脸，头上有角，一双手紧握插在口中的金色的饰杖，通常其口中会吐出一串珠宝帘帐。饕餮作为一种纹饰，常用来装饰寺院大柱子的柱面幡，或做成寺院的门把、门环，或一组八个装饰金刚铃的铃身。

　　李泽厚先生在《美的历程》中曾经分析中国商周青铜器上的饕餮纹，认为：

　　　　各式各样的饕餮纹样及以它为主体的整个青铜器其他纹饰和造
　　型，特征都在突出这种指向一种无限深渊的原始力量，突出在这种神
　　秘威吓面前的畏怖、恐惧、残酷和凶狠。

　　　　它们完全是变形了的、风格化了的、幻想的、可怖的动物形象。
　　它们呈现给你的感觉是一种神秘的威力和狞厉的美。①

　　李泽厚先生的"狞厉"一词其实与我们所用的"畏怖"异曲同工，而他对为什么狞厉会给人以美感的剖析，也适用于我们对以饕餮纹为代表的藏族畏怖型艺术何以产生美感的理解。他说："它们之所以具有威吓神秘的力量，不在于这些怪异动物形象本身有如何的威力，而在于以这些怪异形象为象征符号，指向了某种似乎是超世间的权威神力的观念；它们之所以美，不在于这些形象如何具有装饰风味等等（如时下某些美术史所认为），而在于以这些怪异形象的雄健线条，深沉凸出的铸造刻饰，恰到好处地体现了一种无限的、原始的，还不能用概念语言来表达的原始宗教的情感、观念和理想。"②

　　摩羯长着龙角、狮爪、象鼻、野猪獠牙、马鬃和鱼尾，许多密宗金刚乘的武器包括斧、钩和金刚杵上都画有摩羯，武器的刃身和尖从摩羯的大嘴中伸出，原因是摩羯象征力量和韧性。摩羯使用最多还是在建筑上，作为一种神奇的

---

①　李泽厚：《美的历程》，中国社会科学出版社 1989 年版，第 35 页。
②　李泽厚：《美的历程》，中国社会科学出版社 1989 年版，第 35—36 页。

水兽,摩羯头常常用在屋顶飞檐末端或作为大梁两端的鸱吻,据说这样可以防止建筑失火(图2-12)。摩羯像也常用在金刚杵弯曲的叉股头上,此外,摩羯鱼有时也简化为一种装饰图案,即摩羯鱼将整个身子弯卷扭曲,形成螺旋的鱼龙纹,繁缛又不失精细,与"盘龙"、"双龙缠绕"、"四龙缠绕"、"四联狮"、"四奔鹿"等图案相得益彰,装饰效果强烈。

图2-12 (从左至右)旋涡卷尾摩羯、鱼尾摩羯、摩羯屋顶水滴

(出自《藏传佛教象征符号与器物图解》)

(三)护法神

护法神是藏族宗教神灵谱系中十分重要的一类,主要承担护持和守卫佛教的职责。奥地利藏学大师内贝斯基的皇皇巨著《西藏的神灵与鬼怪》关注的就是西藏这类独特而庞大的神灵世界,它们大多属于西藏古老的苯教和民间信仰系统。内贝斯基将护法神分为出世间护法神和世间护法神两类,前者是已经脱离了六道轮回之苦的具有超大神力的高级神灵,后者仍然和有情众生居住在世间,过着佛教要求的宗教生活,却主要借神巫之口传达其意志。① 青年学者意娜按照护法神像的来源将其分为四种,一是作为诸佛菩萨化身的本尊忿怒相;二是从印度佛教的民间信仰中吸收而来的"诸天鬼神";三是由

---

① [奥地利]勒内·德·内贝斯基·沃捷科维茨:《西藏的神灵与鬼怪》,谢继胜译,西藏人民出版社1993年版,第3页。

释迦牟尼或其他高僧降伏的苯教神祇;四是藏传佛教各教派自封的护法神。①护法神虽有怒相和善相,一般来说,善相护法神数量较少,怒相的神灵才是主流,这些善相神灵似乎形象也不固定,有时会突然呈现出怒相。

怒相护法神之"忿怒"主要是为了降伏破坏佛法的魔众,以及教化深陷贪、嗔、痴之流毒的众生。他们大多忿怒可怖、张牙舞爪、凶猛恐怖,彰显着护法神的威慑力量,也表现了佛法不容侵犯。怒相护法神数量众多,不同的神长相、服装、配饰、兵器都有细微的差别,却共同营造出了畏怖的审美效果,原因是艺术想象在创造护法神形象时,赋予此类神灵一些共同的特征。《西藏的神灵与鬼怪》一书对护法神的形象进行了高度概括,非常准确地抓住了他们的共同特征:

> 怒相护法神大部分都被描绘成生有壮硕的身躯、短粗有力的四肢的人形神,其中有许多生有好几个头颅,数目不等的手脚,躯体与脸庞的颜色经常与云朵、宝石等的特征构成对比。所以,我们经常在护法神传记中读到此位或彼位护法神黑如"劫数尽时出现的乌云";黑如"雨之将至的云朵";黑如"草乌毒物"……护法神的传记还经常提到要把恶相护法神的躯体用火葬场收集来的柴灰、芝麻油涂抹;或者在怒相神或女神的皮肤部位涂满弄脏的油脂、血斑,或者是人的脂肪油涂成的发亮斑块。大部分的女性保护神,特别是食肉玛姆魔女,都被描绘成长着细长干瘦的乳房和巨大性器官的丑陋女人……许多佛教保护神的面孔作典型的怒相:嘴因愤怒而弯曲,嘴角突出长牙——人们经常认为此牙是铜牙或铁牙——或者上齿咬住下唇。神灵口中吐出"瘟病之气",据说还从其扁平的鼻孔里喷出雪暴;凸出的、血红的眼睛透出凶猛直视的神情,通常还能在其额头中央看到第

①　意娜:《直观造化之像——文化研究语境下的藏族唐卡艺术》,社科文献出版社2013年版,第69—71页。

三只眼睛。

　　有时,护法神的头发是松散的,上面被油污弄得结满了斑块,但更多的是经常束成一缕,并常常用蛇作为束发的丝带……最后我们还要提到少数几个神灵或女神据说是以蛇来代替头发的。①

内贝斯基的概括使我们找到了护法神成为藏族宗教畏怖型审美代表的原因,即怒相护法神不仅面呈怒色,神像的各细节也集中了藏族宗教畏怖型艺术丰富的元素。以下我们以知名度极高的大威德怖畏金刚护法神和女性护法神吉祥天母为例进一步分析。

大威德金刚是无量寿佛的忿怒相,也是文殊菩萨的忿怒相。因为能降魔称大威,能护善称大德,故名大威德。大威德金刚又叫大威德明王、牛头明王、畏怖金刚、阎曼德迦等,是格鲁派最重视的无上瑜伽部密教三大本尊之一。其形象最大的特征就是凶悍的牛头、无数的手与足,有时单身,有时拥抱明妃。这幅现藏于西藏博物馆的 18 世纪的唐卡名为《独雄大威德金刚》(图 2-13),以"独雄"为修饰词是因为此威德金刚为单身像,没有明妃。

这幅唐卡的主体像即为大威德金刚,他九面三十四臂十六足,九面之中,正上的黄色面为文殊,即大威德金刚的本体,第二层是红面,第三层有七个面,正中为蓝色的大牛头面,犄角尖锐、面部忿怒而威猛,左边三面为黄、蓝、红三色,右边为烟、白、灰三色。九面均面带愠色,呈忿怒相。大威德金刚的身体、手足均为蓝色,蓝色的身体立于红色的火焰背光之中,配色浓烈而大胆。三十四臂所持法器琳琅满目,许多是我们前面提及的具有恐怖效果的宗教法器和武器,包括嘎巴拉鼓、盛满血的嘎巴拉碗、梵天头、人足、人手、肠、尸布、期克手印等,十六足下踩踏着十六种动物,包括人、饕、鸳、鹉、鹰、狐等,印度教许多著名神灵也都合掌匍匐而被踏于脚下。大威德金刚的装饰品也极具恐怖效果,他身披象皮,头戴五骷髅冠,人头项链从脖子上一直垂到腰间。

---

　　① [奥地利]勒内·德·内贝斯基·沃捷科维茨:《西藏的神灵与鬼怪》,谢继胜译,西藏人民出版社 1993 年版,第 6—7 页。

图 2-13 《独雄大威德金刚》（18 世纪，西藏博物馆）
（出自《看不见的唐卡》）

吉祥天母藏语称"邦达拉姆"，是重要的女性护法神。在藏密中，吉祥天母颇受崇奉，影响深远，她先后被作为大昭寺的护法和拉萨城的保护神，现在每年藏历十月十五日拉萨市还有专门纪念她的节日——白拉日珠节，意为吉祥天母游幻节，这天喇嘛们从大昭寺抬出吉祥天母像，在受她保护的拉萨城里巡游。

现藏于故宫博物院的怒相吉祥天母唐卡（图 2-14），按照背面的题记为仲巴胡土克图于乾隆四十六年所供奉。吉祥天母身体呈黑蓝色，竖立的红发上饰五骷髅冠，头顶的装饰还有半月和孔雀毛，右边耳朵上饰小狮子，左耳上挂着小蛇。身上披着人皮,那人皮据说是她亲生儿子的,象征大义灭亲。胸前佩戴人头大璎珞,右手持金刚杵,左手托着嘎巴拉碗,腰间别拘鬼牌。骑着黄色的骡子驰骋于血海之上,骡子上挂着疾病种子袋、红咒语包和黑白骰子。

图 2-14　吉祥天母（清代,故宫博物院）

（出自《藏传佛教唐卡:故宫博物院藏文物珍品大系》）

　　传说吉祥天母有五种神器,疾病种子袋、红咒语包、黑白骰子、魔线球和拘鬼牌。依据传说,吉祥天母是从她母亲那里得到的疾病种子袋和拘鬼牌,以降伏龙众和众神。疾病种子袋是由人胃和刚从人的身体上剥下来的皮以及一具发绿的干尸组成的,袋子里面装着的是人体的各种器官,这些人都是死于各种毒性最强的传染性疾病。拘鬼牌是一根木制长杖,上刻十字格或方格,吉祥天母用这个武器记录对违背誓言者和与佛法作对之人进行惩罚的数量,当惩戒开始,她将拘鬼牌投向对手,拘鬼牌会击碎敌人的头盖骨。红咒语包常被画成长方形的藏式经书样子,经文的纸边被染成红色或夹在两块红色的经板之间,红咒语包内的咒语对佛法的敌人具有致命的杀伤力。黑白骰子一般与疾病种子袋、红咒语包成组出现,吉祥天母能用骰子预测任何情形下业报的结局。一般白色骰子在上,上有黑点,点数为六。黑色骰子在下,上有白点,点数为一。一到六的数字象征她对业报进行判断和惩罚的范围极广。魔线球是用五色彩线编成或缠成的线球,它象征一切恐怖武器、神力或咒语的本源。藏民在脖子和胳臂上常常戴彩线编结而成的护身线,以免受来自外界居心叵测的精怪的伤害。

透过大威德畏怖金刚和吉祥天女的形象,我们可以发现护法神形象塑造的一些重要特点:丑陋可怖的外貌;令人不适的装束(如把刚从大象身上剥下的皮披在身上,身披亲生儿子的皮);以人骨和骷髅头花环、项链为装饰;随身携带着令人不寒而栗的神器,手持的器物是消灭佛法之敌人和惩罚背弃教法誓言的信徒使用的兵器和法器,具有极大的威慑力和杀伤力;无论站立还是坐姿,脚下踩踏着仰躺的尸体或被击败的佛法敌人;四周环绕着火焰、血海,这些不规则的耸立的波浪形线条使画面充满动感,也令人焦躁不安。

二、畏怖的内涵

所谓畏怖是因为这类艺术形象具有可畏、恐怖的特点。佛教密宗有大威德畏怖金刚,说明藏语中本有"畏怖"一词,而且是对这类艺术形象的概括之语。

藏族宗教艺术中的畏怖范畴与传统美学中的"丑"有着密切的联系,这里的"丑"是指作为美之对立面的一个宽泛的概念,细分下来其中又包含恐怖、畏惧、怪诞、恶心等情感情绪。"美学之父"鲍姆加登在其博士论文《关于诗的哲学默想录》中已经交代了他创设美学学科的目的在于弥补专门研究"感性事物"学科的缺失,美学即感性学。事实上,美学是研究感性事物或形象以及研究人类丰富的"情感"的学科,而非专门研究狭义的"美"的学科,感性事物是一种属于知觉的科学,美、丑、恐怖、怪诞、庄严、崇高、畸形、变形等表现形式,可憎、可厌、难看、不愉快、恶心等情绪反应都属于人类的感性领域,都可以构成美学研究的重要成分。我们知道从古希腊到当代,许多的美学理论坚信现实中的丑经由艺术上的处理与呈现而化为美学上的"丑",即成为审美对象的"丑"。

在藏族的畏怖型艺术中,我们发现丑主要表现为恶心、令人不舒服,畸形、怪异、畏惧与恐怖,等等。那些制作成宗教器物或绘制在唐卡中的人的肢体残骸、骷髅骨架以及内脏鲜血,让人联想到无处不在的死亡的巨大阴影。死亡当然不是美好的,今天的人们努力忘记死亡,在生活世界和艺术世界中营造一个生命无限的幻像,但佛教中的死亡是一个重要的前提,它随时在幽暗的彼岸待命的事实促使信徒们踏上觉悟之旅,不敢耽于现实短暂、虚幻的快乐。因而,宗教艺术中的死亡意象可以转化为观看者的一种精神"食粮"。

超现实的动物则充满了怪诞色彩,人面鸟身的金翅鸟,头上长角、没有下巴、口中会吐出一串珠宝帘帐的饕餮,综合了龙角、狮爪、象鼻、野猪獠牙、马鬃和鱼尾的摩羯,这些传说中的动物建基于现实物种的拼接、组合。我们知道世界上许多民族的艺术中常常出现这类嫁接的动物,西方艺术中古希腊有著名的狮身人面斯芬克斯、人头鸟身的塞壬女妖、牛首人身的米诺陶;古罗马诗人维吉尔笔下的哈耳庇厄也是少女脸庞鸟身的怪物,手上长着钩爪,面庞呈尸白色;中世纪的基督徒对想象这类拼凑的怪物情有独钟,写下大量充满奇思异想的"百科全书"式的著作,例如写于 12 世纪的《约翰长老的信》想象亚洲有一个神奇的基督教国度,那里生活着半龙半山羊身的怪物,上半身驴、后半身麋鹿,狮腿、马蹄,嘴从一只耳朵开到另一只耳朵的怪物,狮身、蝎尾的蓝颜怪……中国传统文化崇奉的"四灵",其中的龙、凤与麒麟三种在现实中也并不存在,其构造方式同样是将已知的许多动物的身体构件组合嫁接在一起。

还有一类超现实手法,一个动物可以生有多个头颅、多双手与脚,著名的如希腊神话中的九头蛇许德拉,许多怒相护法神生有好几个头颅,数目不等的手脚,他的头面朝不同的方向,代表不同神佛的化身,每一只手握有不同的法器、武器,脚下踩踏不同的动物、神灵和尸体,这类形象似乎可归结为人类对畸形的津津乐道,不过我们透过这些护法神的武器和被他战胜的无数妖魔邪魅,更多感受到的是一种令人振奋的力量。

用最现实的材料构成的最超现实的东西,超现实构造法体现了人类追求新奇的普遍心理,这类追求一直延续到现代社会,著名的超现实主义画派最倚重的艺术手法就在于此。朱光潜先生说:"凡是艺术作品都是旧材料的新综合;惟其是旧材料,所以旁人可以了解;惟其是新综合,所以见出艺术家的创造和实用世界有距离。"①这些光怪陆离的动物形象中既有旧材料作为我们认识的坚实基础,又有新创造让我们耳目一新。欣赏此类艺术形象就可在新与旧、怪与常的平衡中获得审美的愉悦。

三、畏怖的审美特征

畏怖型艺术中蕴含着恐怖之美、神秘之美和超越之美,既忠实地传递出此类艺术的宗教性,也表现出藏族人民独特的审美趣味。事实上,无论身处藏族宗教场域内的信徒还是场域外无藏传佛教信仰的观看者、欣赏者、品评者,他们透过作品获得的最初观感当是一致的,因为这类艺术具有的强烈的视觉刺激效果必定在第一时间直击人的视听感官。我们与他们都在第一时间被丑、怪诞、恐怖、崇高、可怕等感受和体验包裹,我们与艺术作品间只剩下审美形象直观。

1. 恐怖之美

畏怖型宗教艺术之所以能够引起人们的恐惧感是因为它丑恶的形式以及丑恶形式背后蕴含的死亡意象。人类审美的最初动因是对快感、愉悦感的追求,在古典艺术中,狭义的美长期占据主导位置,至于丑是为了突出美而隐藏在黑暗地带的"绿叶",是为了凸显美顺带一提的东西。但是,正如红花必有

---

① 朱光潜:《朱光潜全集》(第一卷),安徽教育出版社 1987 年版,第 221 页。

绿叶配,丑的艺术其实也伴随完整的艺术史全过程,且随着人们对艺术认识的不断发展渐渐走向舞台中央。不过,在藏族宗教的艺术世界中,丑却似乎一开始就占据了耀眼的中央位置,创作者秉持宗教目的选择那些打上了恐怖标签的形象,试图用当头棒喝的方式警醒梦中人。"新割的人头一般用盘绕的人肠串成花环,人头代表'色',肠子代表万象的虚幻本质。人头都是男性献祭者的头,被画成滴着鲜血。骷髅花环一般是用尸体上缠结的头发串成。骷髅代表空性,尸体的头发代表着'无我'或更概念化行动的'灭失'。"①

我们在欣赏丑陋恐怖的东西时有一种普遍心理,好奇催促着我们,但是又有点儿害怕不敢去看,可是好奇心依然存在,内心就是想知道它究竟是什么样子,最后我们还是去看了,而且是认真地去看了,看时以及看过之后,我们的内心有些不舒服但又有些好奇得到满足以及某种紧张情绪得到释放后的舒服,至此我们的审丑欲望得到了满足。

我们在观看畏怖型艺术时也是这样的一个心理过程,只是由于这一审美对象并非单纯的丑陋或恐怖之物,而是蕴含着深刻的宗教奥义,对我们的反作用就不同于一般的丑物。与一般的恐惧感不同,畏怖带给人的恐怖感不是简单的生理上的刺激,它是一种冲击人的认知情绪的刺激,会消解人的消极情绪,消灭那些否定人的生命力的消极力量。当信众观看畏怖型艺术时会主动融入情感和故事,他们的害怕、恶心、恐惧等都会被"畏怖"背后的意义消解,从而去真正的理解造像背后的意义,使信众放弃心中执着的烦恼,结束修行的业障,在畏怖带来的恐怖感当中激发生命力,开启新的修行之路。

2. 神秘之美

畏怖型审美折射出了藏族人的审美趣味,同时也让我们感受到了宗教的神秘。我们知道藏传佛教主体就是密宗,密宗教义及修行的秘密传承性质奠定了其具有神秘性的特点。与显宗对比,藏密有一套完整而严密的仪轨,所供

---

① [英]罗伯特·比尔:《藏传佛教象征符号与器物图解》,向红笳译,中国藏学出版社 2014年版,第 171 页。

奉和信仰的神祇化身众多,为藏族艺术提供了广泛的表现题材。此外,佛教传入西藏后为了尽快与藏区原有的苯教融为一体,也为了传教的速度和效果,吸收了大量的苯教神灵和鬼怪的素材,德国宗教学者 H.霍夫曼在《西藏的宗教·序言》中说"在藏区,似乎是佛教占领了舞台,可上演的是苯教节目"。苯教作为西藏土生土长的较为原始的宗教,它的发展历程漫长而丰富,拥有着庞大的神灵体系以及一系列神秘的宗教仪式,这些神灵体系以及宗教仪式的很大一部分后来被藏传佛教所吸纳,这就使得融合了苯教的藏传佛教的神灵体系庞大而复杂,各类护法神变幻莫测,在关于神灵鬼怪的造型上充满了想象力与神秘感,具有鲜明的民族化的审美特征。

基督教神学美学家巴尔塔萨将宗教审美过程总结为直观、相遇、入迷三步。① 在直观阶段,观者将艺术形象转换为与自己的前理解相应合的形象;相遇阶段,由于宗教艺术具有特殊的"光"②,观者在面对艺术形象时,便与这光相遇,客体便成了同时散发着艺术魅力与宗教魅力的美的形象。在这片"光"之照耀下,观者进入第三个阶段——入迷,观者沉醉其中,一方面,神性之光由外(艺术形象)而内(观者心灵),同时,又由内而外,物我融合,一片光明。审美与宗教都会带来陶醉,但艺术之陶醉源于艺术创造出的凝结着物我共通情感的"象",宗教之陶醉的对象却是具有宗教奥秘的形象,即使迷狂,神好像进入了人体,我不再是纯粹的我,但神终究还是保留了人难以窥破的秘密和大能。所以,神秘美是宗教艺术的基本特征。畏怖型艺术由于其形象与经验世界中的形象差距巨大,其神秘性有过之而无不及。

3.崇高之美

"畏怖"在引起人们恐怖的神秘的审美感受以后会达到净化人的心灵的作用,所以"畏怖"应该是一种综合性的审美,它将丑、怪诞、恐怖引起的审美感受提升到崇高的境界。

---

① 张法:《巴尔塔萨的神学美学》,《中国人民大学学报》2002 年第 4 期。
② 在巴尔塔萨那里是指上帝之光,这个光也可以理解为本雅明所说的"灵韵"(aura)。

康德在《判断力批判》中将崇高分为两种,"数学的崇高"和"力学的崇高",不过,康德强调崇高并不是单纯由数学的尺度规定的,也不是纯粹以理性为尺度得出的结论,"所以应该称作崇高的不是那个对象,而是那精神情调"。① 也就是说,以不同事物为尺度,现实中被我们看作崇高的事物,其体积和威力可以很大,也可以不是很大,但它在我们内心唤醒的超感性能力的感觉之中却始终是一种大的感觉。布拉德雷在《牛津诗歌演讲集》中补充了屠格涅夫散文诗《麻雀》中为了拯救雏鸟而英勇抗拒猎狗的老麻雀的例子,②说明"崇高"的主要因素还是表现在精神方面。

崇高先由外在的恐惧引起,当我们在面对崇高的事物时,我们首先会因为物的伟大而见出自己的渺小和悲剧性所在,并且在情感中带有几分痛感,人们在面对畏怖型艺术的丑、怪诞、恐怖时,对象先激起了我们恐惧的感受,"当危险或痛苦逼迫太近时,不可能引起任何欣喜,而只有单纯的恐怖"③。我们被审美客体剧烈的冲击和扑面而来的强大气势所控制。之后,我们会加上自己主观的感受、想象与理解,从艺术对象中读出更感人的力量,恐惧缓解生成一种欣喜感、崇高感。我们知道自己的局限性,同时也知道对象并不真正对我们构成威胁,于是进入布拉德雷所说的"那种崇高的产物无可阻挡地进入我们的想象和情感,使我们的情感和想象也扩大或升高到和它一样广大。于是我们打破自己平日的局限,飞向崇高的事物,并在理想中把自己与它等同起来,分享着它的伟大"。

把崇高看作畏怖型艺术的审美特征是比较适合的,归根到底,藏传佛教艺术是一种为宗教服务的艺术,宗教当中的诸多体会都是精神性的,而宗教为了延续下去不得不寻找一种实存的形体化的载体,那就是艺术。此外,人们情感的激发也需要可见的外物的刺激,历史上影响较大的宗教活动总是与多彩多

---

① [德]康德:《判断力批判》,宗白华译,商务印书馆1993年版,第89页。
② 转引自朱光潜:《朱光潜全集》(第一卷),安徽教育出版社1987年版,第426—427页。
③ [英]伯克:《崇高与美》,李善庆译,上海三联书店1990年版,第37页。

样的艺术形象紧密关联。藏传佛教艺术同其他宗教艺术一样接受了这个使
命,它需要完成宗教艺术的任务,努力体现神的力量,并去感染人激发人,使人
的精神与宗教的目的趋同。

　　康德注意到在面对伟大的宗教对象时,"似乎没有对我们自己本性的崇
高感,而基本情调更多的是拜倒,是颓丧和完全无能的感觉"①,他说大多数的
民族可能会采取这种垂头、拜倒、悔恨和恐怖的姿态,但是只要能够静观且保
持完全自由的批评力,我们就可以惊叹神、佛、上帝的崇高,进而认识到与对方
意志相配合的意图的崇高性也在自己的体内。从作为审美对象的畏怖型艺术
中,我们可以清楚地看到这些艺术品背后折射出的信众心态,现实中的灾难、
苦厄、无常具有强大到令人恐惧的力量,为克服这一切需要具有更大力量的神
佛,我们敬畏神、佛、护法神等,但对他们的情感,我们不是害怕,而是强烈的震
撼、恐惧与悲悯、心灵的共鸣,在对神性与美的双重追求中,主体的性情得到陶
冶,心灵得到净化。

---

　　①　[德]康德:《判断力批判》,宗白华译,商务印书馆 1993 年版,第 103 页。

第三章　藏族艺术审美类型的美学分析

这一部分对藏族艺术的审美类型从四个方面进行美学分析。第一,审美主体与客体间的关系。第二,形式与内容间的关系。第三,理性与感性间的关系。第四,与中国传统美学的审美类型进行比较,包括(1)"宏壮"与"壮美"的比较;(2)"繁复"与"繁缛"的比较;(3)"隐秘"与"含蓄"、"隐秀"的比较;(4)"畏怖"与"清丑"的比较。通过比较看到二者的异同,并以藏族艺术审美类型丰富中国美学的内涵。

第一节　审美主体与客体

美学基本理论探讨谈及审美主体与客体这组关系时,我们往往会陷入美在主体还是客体的争论,论辩双方都可以从美学史上举出一大批美学家和他们的观点为自己背书,当然还会有第三种观点,他们反对美在主体或客体的实体性思维转而提出美在主客体的关系中。事实上,这类讨论就是长期占据传统美学核心关怀的美本质问题。在当代,美本质似乎已成为一个过时的话题,一方面自古希腊迄今对美本质的探寻结果众说纷纭、莫衷一是,并不理想;另一方面,"反本质主义"已然成为今天学界思考问题的一大前提,人们反对事物存在一个固定不变的绝对本质和普遍规律。

在讨论藏族艺术审美的主体与客体时,我们的探讨主要围绕其主、客体构成的多样性和多样性带来的主客体关系的复杂性,以及我们在这种复杂性背景下如何看待美本质的问题。

以下我们将分别展开论述。

一、藏族艺术审美主体的多样性

(一)藏族艺术的三类审美主体

构成藏族艺术审美主体的一共有三类人:一类是与其他审美过程相似的一个纯粹静观中的"审美的人",我们姑且将这类人预设为藏文化的"局外人",他们与藏族艺术相遇,被藏族艺术某种独特的气质吸引,凝神沉思,完成了从一般观看到审美静观的转变;另两类均为藏文化的"局内人",第一种情形,他是以信徒的身份朝向宗教艺术的,这时他面对的宗教艺术品只是他借以寄托自己信仰的载体,但即便如此,在与艺术目视神遇时,他也会有对艺术产生强烈欣赏之情的时刻,那一刻审美态度暂时超越了宗教态度,此外,藏传佛教信徒在修行过程中,要观想作为自己本尊的佛菩萨,使他们在你需要时可以随时栩栩如生地出现在眼前,这种能力某种意义上与艺术审美所需要的对色彩、线条等细节敏锐的感受力相一致;另一类情形,那些被认为具有艺术格调的建筑、家具、服饰于藏民就是生活的一部分,在与这些物打交道的过程中,他关注的焦点许多时候确实是在物的功能上,比如坚固性、保暖性等,但美观性无疑也是一个重要的维度,甚至在藏民那里,对日常器物的美的追求在许多时候令我们叹为观止。

传统美学对第一类人讨论甚多,最严苛的美学标准甚至只承认他们才是唯一合格的审美主体。在康德美学中,美无关乎功利是审美"质"的规定,是构成合格审美主体的核心之一。一个严格意义上的审美主体必须是自我完成的人,他在作为审美主体时处在一种特定的条件之下,此时,他从与对象的各种可能的关系中抽离出来,沉醉在唯一保留下来的一组关系即审美关系之中,沉浸在对对象的审美直观中。传统美学认为第二类人的信徒身份会使他仰视宗教艺术,从而压抑他以更平等的眼光凝视审美客体。在信徒看来,宗教艺术最重要的职能不是作为欣赏对象存在,而是作为帮助他们通达宗教体验、获取宗教认知、提升宗教境界的助缘物而存在。对第三类人,传统美学觉得他们完全就是非功利性的对立面,那些在他人眼中打上了艺术标签的建筑、家具、服饰是他生活中的必需品,物的功用将成为他们选择、制造和看待这些事物的首要原则。

传统美学在讨论审美主体时,将其理想化为一个纯粹的无利害、非概念、无目的的状态,他与客体保持一种不近不远、即近即远的恰当距离,此时他是一个静观中的"审美的人"。对于这类审美主体我们无须再讨论,因为他完全就是一个标准的范本一般的存在。我们这里要重点讨论被传统美学褫夺了审美主体身份的第二、第三类人。

(二)信徒如何面对艺术

信徒面对宗教艺术会把它看作艺术吗? 会从中获得审美的愉悦吗? 假如宗教艺术品除了给予信徒通达宗教体验、获取宗教认知、提升宗教境界等功能之外,还能让他获得极大的审美愉悦,那么,在那样的时刻,信徒的身份就由信仰者转化为审美者了。

1. 惊异:审美与宗教相通的契机

审美者具有什么样的特质? 朱立元先生主编的《美学》中将审美主体在审美活动中独特的精神状态概括为惊异、体验和澄明三个基本环节。[①] 所谓审美惊异是指欣赏者从日常生活的实际关系和实际态度中跃出,但又不同于日常生活中的好奇、惊诧,日常的惊奇往往仅仅被事物新奇的外在特征所吸

---

① 朱立元主编:《美学》(修订版),高等教育出版社 2006 年版,第 116 页。

引,暂时中断了日常生活的进程,惊奇过后日常生活的进程很快就延续了下去。也不同于科学和哲学研究中的惊异,二者更多依赖于理性的审思而非感性的体验。而审美惊异既非只短暂关注事物新奇的外部特征(引起审美惊异的对象未必异乎寻常,却有一种能持久地打动人心的形式),也并非产生自理性的求知欲(审美的目的不是为了理解对象,而是一种鲜活的深度的感性体验),审美惊异在于审美主体与某个特定的、激起了我们感受冲动的客体相遇,我们被它的特殊气质打动,将它从日常生活世界中剥离出来,成为耀眼的那一个,而我们的惊异也不会一闪而过,会因为对象独特的形式和气质持久地被召唤、被吸引,并徜徉在美的世界里。

而宗教带来的惊异在许多方面与审美惊异十分相似,学习西藏密教的英国学者约翰·布洛菲尔德这样描述密宗金刚乘带给他的妙不可言的心灵感受:

> 它如同是一小段音乐、一只百灵鸟突然唱起的歌声、一片奔腾的波浪之咆哮声和在月光下的一阵笛声。它可能是充满清净或神圣的强烈感觉的一场宏响的协奏曲,也可能如同一个夏日下午喃喃的声音或大山上风暴的单调嘶叫和隆隆声。它可能是一种视觉,也可能是一种欢笑;或者一只臂膊的曲线、一种普通的手姿、一种迷人的美的普通形状或颜色,也可能是一种由于光明的非同一般之本质变成的常见场面、一种通过天际和大海发出的并交织在一起的各种颜色之威严的全景图。①

这种瞬间降临的惊异,就如同打开了另一个世界的大门一般,布洛菲尔德说"神秘主义者和富于想象的诗人最富有这种最大的幸运"②,他们往

---

① [英]约翰·布洛菲尔德:《西藏佛教密宗》,耿升译,西藏人民出版社 2003 年版,第 3 页。

② [英]约翰·布洛菲尔德:《西藏佛教密宗》,耿升译,西藏人民出版社 2003 年版,第 4 页。

往无须刻意寻求就会体验到,这种感受是"超越了所有各有名称的概念的一种感受"①,是一种"通过直觉而了解的东西"②,它让我们像艺术家一样"仅仅关心它们的常规形式"③。

密宗修行者通过修行努力追求终极境界,在此过程中,宗教惊异会不时降临,但如同审美惊异,这种感受是鲜活的感性体验,而非理性的追逐,惊异会以具体的形象呈现,并且不是一种短暂而逝的幻觉,而是具有某种深刻意义的东西。

2. 体验:沉浸在对象的形象之中

"所谓审美体验,就是主体在具体审美活动中被具有某种独特性质的客体对象所深深吸引,情不自禁地对之进行领悟、体味、咀嚼,以至于陶醉其中,心灵受到摇荡和震撼的一种独特的精神状态。"④审美主体在审美体验的过程中始终沉浸在与对象的直接相处中,他在与对象的接触中获得形象、情感与想象的极大丰富性,审美体验离不开具体的形象。不过,有人指出审美体验与宗教体验间也有着密切的关系,因为审美体验表现为人生的实用意义被悬搁之后的对人生整体价值和根本意义的一种领悟和玩味,是人生体验的一种升华和整合。⑤ 美国学者冯·奥格登·沃格特也说:"宗教信仰的体验与美的体验在一定程度上具有同一性"⑥。作为人的终极关切的宗教,其体验自有精神性、超越自然和自我的一面,审美体验却要努力避免作抽象的玄思。不过,宗教艺术就不同了,艺术的感性特征使一直蔑视它的宗教也没能避免宗教艺术

---

① [英]约翰·布洛菲尔德:《西藏佛教密宗》,耿升译,西藏人民出版社 2003 年版,第6 页。

② [英]约翰·布洛菲尔德:《西藏佛教密宗》,耿升译,西藏人民出版社 2003 年版,第6 页。

③ [英]约翰·布洛菲尔德:《西藏佛教密宗》,耿升译,西藏人民出版社 2003 年版,第5 页。

④ 朱立元主编:《美学》(修订版),高等教育出版社 2006 年版,第 119 页。

⑤ 朱立元主编:《美学(修订版)》,高等教育出版社 2006 年版,第 121 页。

⑥ [美]保罗·韦斯、冯·奥格登·沃格特:《宗教与艺术》,金仲、何其敏译,四川人民出版社 1999 年版,第 86 页。

走上感性主义的道路。冯·奥格登·沃格特说:"感性主义在人类生活和宗教中始终根深蒂固、无时不在,并将永远如此。希伯来的先知们不仅利用比喻来帮助演,而且还使用了实物和古怪的动作来引人注意,并传播其信仰。"①宗教艺术的精神性必须借助栩栩如生的形象、美妙的声音和动作、高大宏阔的建筑及装饰,以及无处不在的象征物,还有极具形式美感的装饰来实现。

在藏传佛教的修行中,有一种方法叫现观,即信徒需要借助一个形象,尤其是在家里修行时,需要可以供心灵做观想的供养形象。唐卡便扮演了这样的角色,每个信徒都有适宜自己的现观对象,被称作本尊,他有时是一尊慈祥的神,有时是一个女性,有时也会是一尊菩萨的忿怒相。当我们每天面对面地感受、体验唐卡中佛菩萨的形象时,我们便将心集中在这种助缘物上,最终培养出了一种与宗教目的相关的心的象征物。约翰·布洛菲尔德这样描写现观术:

> 弟子们的修持越深入,在心中创造神祇的真实性就会变得越明显。在没有亲身感受的体验时,现观是很困难的。记忆力中应保持一种详细的描述:姿态、服饰、头发、肤色、眼睛、表情、臂膀、手、指、腿;有时还包括其背景……某些现观和亲见要求召请一大批具有闪闪发光颜色的形象。它们随着仪轨的深入发展,在化入穿过信徒头颅和停留于心处的神祇中之前不断地变化。掌握现观到一种色彩的和在所有细节中都很圆满的现象之艺术仅仅形成了第一步,因为这将是一种静止的像,只是一种形象。它以一种持续长期的修持就会如同一种在梦中见过的生灵那样活灵活现。这尚不充足,当出现最高的识境时,大家便可以发现它比一个人更为真实的存在,与梦是无法比较的②

---

① [美]保罗·韦斯、冯·奥格登·沃格特:《宗教与艺术》,金仲、何其敏译,四川人民出版社1999年版,第136页。

② [英]约翰·布洛菲尔德:《西藏佛教密宗》,耿升译,西藏人民出版社2003年版,第69—70页。

现观的宗教体验与审美体验何其相似,在与对象的直接相处中,被对象深深吸引,然后领悟、体味、咀嚼,并陶醉其间,而且在这一过程中,始终表现为形象而不是抽象的思考。布洛菲尔德曾说在现观中美好的相最为常见,包括漂亮的菩萨和庄严的佛陀,当然有时也会现观到令人毛骨悚然和畏怖的相,但始终是形象而非佛理。

3.澄明之境:审美与宗教共同的终点

审美主体最终的存在状态即为进入澄明之境。"所谓澄明之境,就是光明、敞亮的境界,它与遮蔽、晦暗不明相区别。所谓走向澄明,亦即揭开遮蔽、去除迷误,从而走向光明之域。"①"澄明"是海德格尔的术语,他在《艺术作品的本源》中说:"在作为整体的存在者之中,出现一个敞开的场所,这就是澄明。"②

审美的澄明之境与宗教的终极境界都是对"光明"的追逐,有极大的相通性,海德格尔就把澄明之境又称作"神性"。在基督教的世界里,光明具有很强的象征性,耶稣基督诞生在光里,人们在遇见他时看到的往往是一团耀眼的光芒;被中国人称为"拜火教"的琐罗亚斯德教,其基本教义便是善恶二元论,最终善战胜了恶,光明代替了黑暗;受到琐罗亚斯德教深刻影响的摩尼教,认为太初之际,光明与黑暗原是互不侵犯的两种存在,后来黑暗的力量侵袭了光明王国,从此,双方历初际、中际、后际三个阶段展开了一系列斗争,代表光明的大明尊数次召唤使者去参与战斗,直到最后一位使者,自称为"光明的耶稣"的"全知的摩尼"才完成了"归于大明"的终极目标,摩尼教的教义是要从黑暗中寻得光明的解脱,所以,中国旧时将摩尼教译为明教,所建寺院被称作光明寺。佛教追求的终极境界是涅槃,在佛教的讲述中,它可以又名为如来、金刚、光明、空、狂喜等。藏传佛教的修习将获得终极解脱的感受描述为"闪

---

① 朱立元主编:《美学》(修订版),高等教育出版社 2006 年版,第 122 页。
② [德]海德格尔:《海德格尔诗学文集》,华中师大出版社 1992 年版,第 47 页。

耀着光芒、寂静、无垢净"①，"每件所缘都充满了使信徒具有最强烈美感的品质,和使其达到了其神秘感受的最高点。"②

在海德格尔那里,澄明之境首先是一个本体论的范畴,是万事万物的聚焦点,是让人们可以体会到人与天地万物彼此一体的点,这个点具有集聚了天地万物最广博、最丰富的内涵和意义,但它又是空灵的,是作为万有之源的"无"。③ 海德格尔认为只有诗人能达到澄明之境,因为诗人摆脱了主客体二元对立式的功利性地看待世界的方式。也就是说,在以诗人为代表的审美过程中,澄明之境会自动呈现出来。张世英先生将其概括为"诗意的想象"④,也就是说诗人创作时通过形神兼备、虚实相生的意象将原本隐蔽在无穷无尽的相互联系、相互作用、相互影响中的澄明之境显示出来。

藏传佛教的澄明之境也摆脱了功利的羁绊,让信仰者体验到了天地宽广、万物澄澈、一派明亮的开阔气象。不过,与审美的澄明之境专注于意象不同,藏传佛教进入澄明的途径更多借助于诵读经文等认识方法,冥想等思维训练,以及苦修、仪轨等实践操作。这是一种通过与生活世界隔离开来,不断尝试将自我的肉体凡胎提升至空中的思路,在这一思路的引导下,澄明之境最终成为少数人追求后得到的一种境界。但艺术就不同,虽然艺术也不是对所有主体一视同仁地敞开,成为艺术欣赏的主体需要具备充分的感受力,但我们在生命的许多时刻依然会有与艺术审美地相遇的幸运。藏传佛教的信徒在他为了信仰走进一座金碧辉煌、装饰华美的寺院中,在他求到一幅唐卡,小心翼翼地挂在经堂或是帐篷之后,在他观看一场场面盛大的羌姆仪式表演时,在他聆听一位高僧宣讲佛经中某个生动的故事以劝诫世人时,就会有一些时刻,宗教突然

① ［英］约翰·布洛菲尔德:《西藏佛教密宗》,耿升译,西藏人民出版社 2003 年版,第 69—70 页。

② ［英］约翰·布洛菲尔德:《西藏佛教密宗》,耿升译,西藏人民出版社 2003 年版,第 75 页。

③ 张世英:《进入澄明之境——哲学的新方向》,商务印书馆 1999 年版,第 140—141 页。

④ 张世英:《进入澄明之境——哲学的新方向》,商务印书馆 1999 年版,第 141 页。

不是以抽象而玄妙的道理的面目,而是以生动、鲜活、富于生命的方式出现在他面前,是与他生活息息相关,他能理解和感到亲切的画面。

宗教的澄明之境有不食人间烟火的嫌疑,但艺术不同,推崇"诗意栖居"的海德格尔引述德国诗人荷尔德林的诗"尽管充满功业,但人却诗意地/栖居在这个大地上",他为诗意栖居寻找了大地作为坚实的根基。借助艺术这个永恒的媒介,宗教所描绘的终极世界才真正具有了恒久的魅力和感染力。

另一种可用于解释澄明之境的是本雅明在《机械复制时代的艺术作品》、《论波德莱尔的几个母题》、《摄影小史》、《拱廊街计划》等著作中提到"灵韵"(或译为"光韵"、"光晕"),本雅明认为是灵韵了赋予了传统艺术品独特的价值,传统艺术之所以具有独一无二的魅力是因为其中注入了代表宗教神圣性的"灵"与艺术生动性的"韵",两大因素使得传统艺术品仿佛可以散发出光芒。在本雅明的观点中,灵韵正是宗教对艺术进行魅力赋能的表现,他认为宗教仪式是一种使"物"变得神圣化的机制,仪式参与者通过仪式培养自己聚精会神关注"物"的能力,这种关注不同于日常中我们仅仅看到物,而是凝神于物,这种宗教式静观与我们观看艺术时的审美静观如出一辙,是普桑说的从"外观"向"内视"的转变。[①] 既然艺术的魅力在很大程度上来自宗教式的关注、投入,那信徒凝神于用于宗教目的的艺术品时无疑也同时是艺术沉迷的过程。

(三)日用品如何转化为艺术

第三类情形里,我们要讨论的是人对于日常生活中的某些日用品能否采取审美静观的态度。在这里问题具体化为那些在异文化者(比如游客)看来完全具有美的特质和感染力的藏族民居、藏式家具、藏族服装与配饰在藏民自己眼中会是如何,功利性的需求是不是会完全压制他们美的感觉,或者说美被

---

① 高薪:《物的凝视——论审美静观的宗教性起源》,《中国人民大学学报》2017 年第 5 期。

实用严重边缘化,以致我们与他们对同一物作出了两种截然不同的审美判断。

　　传统美学将审美神圣化和神秘化,完成这一目的的基本方式是将审美对象逐渐狭窄化,最终艺术成为唯一标准的美学范本,黑格尔、丹纳、谢林是其代表人物。如果我们将美的对象仅仅限定为艺术,那么日常生活中的美就无缘成为审美对象,与日常器物相处的人也无法在生活中扮演审美主体的角色。不过,自20世纪下半叶西方发达国家兴起的日常生活审美化的浪潮为我们提供了理解日用品的新契机。所谓日常生活审美化主要是指依照美的方式对日常生活中非美的方面进行改造或理解,这是西方生产和消费高度发达后自然而然出现的趋势,也是数量巨大的中产阶级勃兴后其审美趣味在文化上影响力日增的表现。不过,对日常生活全面进行美的改造是西方发达国家日常生活审美化的题中之义,对于生产和消费水平尚未达到如此高度的其他地区来说,日常生活审美化带来的启示则是我们可以通过观念和视角的转变重新恢复对日常生活中原本属于美的事物的重新评估。

　　日常生活中原本处处有美的运思,只不过长期被人忽略,造成这一现象的原因有两个。一是我们在艺术与生活间划分了明显的界限,凡属于生活的就一定不具有艺术性,实际上今天被我们看作艺术的古代的很多东西比如神庙、神像、宫殿、岩画等最初都并不是作为艺术品被创造出来,而是为着实用的目的。在没有现代艺术观念的时候,艺术与生活并没有截然的界限。二是因为美学界持守所谓精英的审美趣味,文化分割与趣味批判造就了雅俗分赏,精英以“非功利”为评判标准的艺术与大众建基于日常生活的工艺从被视作有高下之别到完全成为两个体系的对象,艺术为少数人所垄断,成为摆放在博物馆被精心保护起来的价格不菲的东西,最终不再与我们的日常生活有任何直接的关系。

　　但我们回到起点,从发生学的角度看,美最初来自日常生活,无论劳动说、巫术说、模仿说都与日常生活有某种关联。此后,就艺术漫长的发展史看,它也并不总是远离尘世、远离烟火,在西方,关于艺术的范围的争议是一个相当复杂的过程:起初它包含手工艺和若干科学,随后又与它们划清了界限;而诗歌最初却并不在艺术之列,相反,现在的人们对它的艺术地位绝不会怀疑。对今天艺术的外延影响最大的是18世纪中叶的查尔斯·巴多,它确立了美术(The fine arts)这个概念以及与其直接和间接相关的七种艺术形式,一个广泛被认可的艺术系统建立起来了。但问题还是成堆地出现,例如巴多从未将艺术家具包含在他的系统中,因为他们显然只是出于人类的手工而不是精神,他们的创造是为着功利性的目的而不是美,所以它不是纯粹的艺术。不过,19世纪的威廉·莫里斯谴责将纯粹艺术与功利艺术之间进行区分的做法,他要求重新允许将工匠的手工艺算进真正艺术的领域。因为我们无法否认人类手工艺同样具有美的特性。塔塔尔凯维奇说,如果我们维护巴多的结论,除非我们承认"艺术所关系到的不只是美,并且也关系到思想和表现性"①。而此后一些艺术博物馆也将艺术家具及与日常关联的物品如曾经作为生活用品的陶器、玻璃器皿、地毯等作为藏品展览,这似乎进一步证实了艺术与日常生活并无绝对界限。进入当代,艺术加剧了颠覆传统艺术标准,突破传统艺术边界的努力和种种实践。所以,我们倾向于关于艺术的一种较为宽泛的解释,同时要充分考虑文化背景的差异。

设想一下,一位嘉绒的男子准备为自己和妻儿建一座漂亮的碉楼,他搜集合适的石头、木材,依照传统去安排房屋的结构、布局,精心考虑采光、风向,考虑如何更好突出各个房间的功能。但与此同时,他也开始琢磨门窗的样式,考虑请哪几个手艺精湛、价格公道的工匠来雕刻和彩绘门窗,因为嘉绒民居中最引人瞩目的当属点缀在古朴石墙之上的雕饰华美的门窗,思考在屋墙外请人画什么样的吉祥图案,屋顶四角选择放置哪几块形状可爱、洁白如玉的石头。再想象一位康区的藏族少女准备穿上盛装去参加节日集会,当天她会在意自己有没有吸引小伙子们爱慕的眼光。认真梳洗过后,她从柜子里拿出自己心

---

① [波兰]瓦迪斯瓦夫·塔塔尔凯维奇:《西方美学六大观念史》,刘文潭译,上海译文出版社2013年版,第30页。

仪的衣服,发辫被分作细细的数十条,每条上穿缀以红珊瑚、绿松石、黄蜜蜡、玛瑙,她在胸前佩戴银质嘎乌,长袍子的腰带上挂浮雕纹饰的藏刀,并系上有暗花的邦典。我们无法否认那位认真琢磨的嘉绒男子和这位花着小心思仔细准备的康区少女,有不少那样的时刻,他们只沉沦在纯粹的美之中,在那样的时刻,他们就是审美主体,作为日用之物的房屋、服饰也成为真正的审美客体。

二、藏族艺术审美客体

传统的世界里,天、地、人、神均可作为审美客体,成为审美对象。

"天"指自然,自然除了形塑着藏人的审美观,其本身也成为了审美的重要内容,青藏高原独特的地形地貌已然成为许多人欣赏的大景致;"地"即地理,是人类活动和繁衍的坚实基础,结合地貌地景、扎根大地、"因地制宜"、融入自然建成的传统村落及民族建筑,在景观上富于变化且充满生机;因为受藏传佛教的深刻影响,藏族制作出了许多"与神灵交流"的大地艺术,这些遍布在大地之上的嘛呢堆、风马旗、佛塔等赋予村落、牧区以灵魂,使得藏区的人文地理景观张弛有度;"人"为人文,即当地人实实在在的生活,表现在审美领域即指大量与生活息息相关的世俗艺术,包括服饰、家具、室内装饰、生活用品、器皿、歌舞,等等。虽然人们谈及藏族总喜欢将目光聚焦于宗教创造的神圣艺术,但我们想无论任何文化,人无疑是中心和基本,是文化得以产生、经济得以发展的出发点和归宿。"神"即宗教信仰。宗教是人类最古老的精神现象,在文化研究领域有观点认为宗教是人类文化的起点,人类的其他文化样态由宗教孕育分化而成。藏区最不乏的就是大量璀璨的宗教艺术形式,包括公共寺院和家户的装饰、佛像、法器、唐卡、擦擦等,这些宗教艺术成为藏区最醒目的标识,也成就了藏族艺术的总体技艺高度和审美水准。

天、地、人、神是息息相关、无法割舍彼此的关联体。不过,天与地是自然存在的事物,与"藏族艺术"的主题无关,我们的讨论将关注点放在人与神的部分,与前面审美主体的探讨对应,藏族文化中的审美客体主要有三种,即纯粹的艺术品、部分宗教用品和部分生活用品。

　　用审美客体这个概念不准确,因为客体主要指向自然物、客观物,实际上在审美关系中,客观物只有转化为夹杂着人的主观感受的社会的物,才可以建立起一段审美关系。中国传统美学有一个重要的观点,不存在一种实体化的、外在于人的"美","美"离不开人的审美活动。① 20 世纪 50 年代美学大讨论时,朱光潜先生就提出了"物甲""物乙"说以示二者的区分。物甲是指物本身,即纯粹的自然物,物乙是指物甲在审美主体观照下呈现出的"物的形象"。有人将其区分为审美客体(物甲)与审美对象(物乙),前者指事物以"现成化"的存在方式呈现于我们与其所打的交道中,后者指事物以某种对主体的生命世界产生建构作用的方式进入和显现于主体与它所打的交道之中。② 审美客体与审美对象在英文中均为 aesthetic object,但在汉语语境中二者有前述的细微差异,之所以强调以"对象"代"客体",是想要表明我们在审美主客体关系上秉持的是"生成性"、"建构性"而非单纯认识论的立场。

　　纯粹的艺术品为什么可以成为审美对象似乎没有太多讨论的价值,因为现代的艺术定义已经意味着艺术就是美的产物,至少巴多将七种艺术集合在一起依靠的就是他们共同的特质"美",故而艺术最正确的译名应该是美术(美的艺术),只不过美术的名字在汉语中已被人捷足先登,另作他用了。那么,部分宗教用品和部分生活用品如何成为审美客体? 成为审美客体后又有什么样的特点?

　　宗教用品让我以十字金刚杵为例说明,金刚杵是金刚乘之道坚不可摧的象征物,十字金刚杵是由四个带有莲花座的金刚杵组成,中心点通常为深蓝色,四方分别为白色(东)、黄色(南)、红色(西)、绿色(北),四个金刚杵的杵头从中心点向四方散射,造型坚固、美观,又颇富象征意味。以宗教视角来看,十字金刚杵中蕴含着太多深奥的宗教意蕴,据说佛教的宇宙观中十字金刚杵

---

① 叶朗:《美学原理》,北京大学出版社 2009 年版,第 43 页。
② 董志强:《审美客体与审美对象》,《哲学研究》2002 年第 10 期。

横在世界中央的须弥山下,成为不可撼动的基础。十字金刚杵的五种色彩与密教五大要素和五方佛的对应,四个杵头与"四业"的关联,三股金刚杵的十二个股叉象征着"十二因缘"及环绕须弥山的十二个大小瞻部洲,五股金刚杵的二十个股叉象征的净化二十种谬见,九股金刚杵的三十六个股叉及中心点象征三十七道品(图3-1)。十字金刚杵作为一个自在的物,是一个有着各种可能性的事物,从而也就转化为各种不同的客体。大部分时间内包括僧侣在内的人们看到的是作为佛教法器庄严而神秘的面相,但是也有这样的时刻,我们只看到十字形的平衡,莲花座花瓣的匀称,五种色彩搭配的和谐,被打磨的十分光滑的金属的质感以及细部工艺的精巧,甚至我们只看到一种金刚杵外观形态所显示的"形式"存在,而这一切与十字金刚杵的物质实体关系不大。在这样的时刻,金刚杵就只是作为审美对象存在,其宗教含义已被舍弃在审美视域之外。

图 3-1　(左)3 股和 5 股金刚杵,总计 12 或 20 股叉;
(右)9 股金刚杵,总计 36 股叉
(出自《藏传佛教象征符号与器物图解》)

作为审美客体的生活用品类似,一件做工上乘、装饰精巧的柜子,作为日常用品,我们考虑的是它的尺寸大小放在房间里合适吗？材质的坚固性如何？价格怎样？其构造容量足够大吗？当它作为一个审美客体时,这些问题统统不重要了,我们的观看中,唯剩下其外观形态所显示的"形式感"。

因此,不论是艺术品、宗教用品还是生活用品,当它以"形式"的方式呈现时,它就从原本的自然或人工之物转化为审美客体了。不过还需补充一句,这个物自身需具备一定的客观条件,其物质属性必须具有一定的审美价值,否则是无法让主体将注意力离开功利目的而仅聚焦在它的形式上。

三、审美主客体的关系

我们分析了藏族艺术审美中的主体与客体,但实际上在审美中主体与客体不是独立存在的,美产生于二者的交互作用下,亦即狄德罗所提出的著名命题"美在关系"。

看①是使审美主客体相互产生关系的重要起点,两个各自独立的部分被观者的视线联结起来。普桑区分了两种观看方式,"通常看的方式有两种,一种是仅仅看到物,另一种是聚精会神地思量一物"②。前一种"看"在我们生命的每时每刻不断上演,我们看,看过,或视而不见,或留下短暂的记忆然后转移视线,或稍作停留获取关于它的一些信息,在这种"看"里主体与客体间并没有产生真正的关系。这种关系就是马丁·布伯在《我与你》中提到的"我"与"他"的关系,"人流连于事物之表面而感知他们,他由此抽取出关于它们之性状的消息,获致经验知识。"③在"我"与"他"的关系中,"他"是与"我"相分离的对象,与"我"相对立的客体,"我"通过对"他"的经验而获得知识,并借助知识使其为"我"所用。此时,实用功利之上,美感无从产生。后一种"看"则可遇而不可求,"我"惊鸿一瞥,目光却被牢牢锁住,"我"的世界与对象的世界突然深度重合,此时,客体成为"我"的全部,主体也成为客体的全部,"我们"之外已无世界。在马丁·布伯那里,此时"我"与"他"的关系转化为"我"

---

① 我们以视觉艺术中的"看"为代表,实际上身体美学的兴起使人们开始注意到五种感官及肌肉运动知觉在审美中也扮演着必要的角色,人们也开始重新挖掘中国古典审美文化中重视视听以外的其他感官的传统。

② Nicolas Poussin.Lettres et propos sur l'art. Paris : Hermann, 1964. 转引自高薪:《物的凝视——审美静观的宗教性起源》,《中国人民大学学报》2017 年第 5 期。

③ [德]马丁·布伯:《我与你》,陈维纲译,生活·读书·新知三联书店 2002 年版,第3 页。

与"你"的关系,"他不是'他'或'她',不是与其他的'他'或'她'相待的有限物,不是世界网络中的一点一瞬,不是可被经验、被描述的本质,不是一束有定名的属性,而是无待无垠、纯全无方之'你'……万物皆栖居于她的灿烂光华中。"①主体整个存在都沉浸在客体的绚烂光华里,美产生了。

　　简单的视觉接触转化为凝神沉思,主体与客体高度重合,此种情况下产生了美,这是"我"与"你"关系的真意,美拉近了主客体间的距离。"面对艺术作品而凝神专注的人沉入到了该作品中……与此相反,进行消遣是大众则超然于艺术品而沉浸在自我中"。② 但值得注意的是,美同时也必须保持主客体间恰当的距离,本雅明的灵韵认为是神性的光辉与艺术的韵味赋予艺术品美感,但究竟灵韵是什么呢? 他强调了一种恰当的距离,"在一定距离之外但感觉上如此贴近之物的独一无二的显现"③。而现代社会灵韵的衰竭则与"现代大众具有着要使物更易'接近'的强烈愿望"④密切相关。恰当的距离产生美,这里的距离不仅是时空距离,更是指心理距离。在本雅明看来距离的实质在于"最早的艺术品起源于某种礼仪——起初是巫术礼仪,后来是宗教礼仪……换言之,'原真'的艺术作品所具有的独一无二的价值根源于神学"。⑤艺术所需要的凝神沉思来自将对象神圣化的宗教仪式,⑥当机械复制摧毁了原真性,艺术再也无法建立在礼仪的基础上时,艺术通过"为艺术而艺术"的原则将自身上升成为艺术神学,神化或圣化成为使艺术保持为艺术的重要手

---

　　① ［德］马丁·布伯:《我与你》,陈维纲译,生活·读书·新知三联书店2002年版,第6—7页。
　　② ［德］瓦尔特·本雅明:《机械复制时代的艺术作品》,王才勇译,中国城市出版社2001年版,第63页。
　　③ ［德］瓦尔特·本雅明:《机械复制时代的艺术作品》,王才勇译,中国城市出版社2001年版,第13页。
　　④ ［德］瓦尔特·本雅明:《机械复制时代的艺术作品》,王才勇译,中国城市出版社2001年版,第13页。
　　⑤ ［德］瓦尔特·本雅明:《机械复制时代的艺术作品》,王才勇译,中国城市出版社2001年版,第15—16页。
　　⑥ 高薪:《物的凝视——论审美静观的宗教性起源》,《中国人民大学学报》2017年第5期。

段。也就是说,审美中的适当距离其实是以凝视圣物的虔敬专注地凝视对象,主体必须保持谦卑、谦逊的姿态,因为在审美中客体获得了宗教圣物一般的地位。

颇奇特的是,本雅明和艺术史家李格尔都提出了客体也有回看观者的能力。凝视从来不是单向的,当本雅明说夏日午后地平线上一座连绵不断的山脉和一根投下绿荫的树枝会给观者美的印象是因为它们散发出了光韵,我们可以解读出正是物本身的"光"与"韵"给了观者内心"狠狠地一击"。审美的主客体之间就是这样你凝视着我,我凝视着你,你中有我,我中有你,在感官与心灵的全面敞开中建立起一个崭新的世界,亦即审美主体间性的世界。

第二节　审美内容与形式

一、"文"与"质"

中国传统美学的"文"与"质"这对概念被理解成感性形式与实质内容,文质关系就转化成了形式与内容间的关系。韩非子《解老》篇说"文为质饰者也",把"质"理解为事物自身质地之美,"文"指人工的装饰,这种理解基本代表了中国传统美学各家各派的共同观念。不过各家在如何看待二者的重要性上存在分歧。

儒家强调二者的和谐统一,《论语·雍也》说"质胜文则野,文胜质则史,文质彬彬,然后君子"。虽是针对君子修养而言,但也可以理解为美是质(与人相关的丰富的社会生活与内在的精神品性)与文(外在的容貌、举止、服饰、语言、行为、教养)的完满统一,是美的形式与善的内容的统一。孔子之后的儒家其他人物也基本支持这种观点,如董仲舒说"文质两备,然后其礼成"①

---

① 转引自李泽厚、刘纲纪主编:《中国美学史》(第一卷),中国社会科学出版社1984年版,第493页。

(《春秋繁露·玉杯》),扬雄《太玄经·文》中讲"阴敛其质,阳散其文,文质班班,万物粲然"①。墨家重"质"轻"文",因为站在劳工学派的立场,故处处针对站在绅士学派立场的儒学,指责儒家"盛容修饰以蛊世,弦歌鼓舞以聚徒……繁饰邪术以营世君,盛为声乐以淫遇民"②(《墨子·非儒下》),墨家看问题的视角决定了它们把事物的功用看作评判事物价值最重要的标准。物有质即可,加诸其上的文不仅多余而无用,甚至是天下之大害。与墨家同样持守功利主义立场的法家也反对"文",韩非子虽有"文为质饰者也"的基本判断,但紧接着却说君子"好质而恶饰"(《韩非子·解老》)。道家学派认为世间真正的美往往是自然不经意间的造物,它们无目的却合目的,即所谓"大巧不工"。质就是事物天然地具有的美,道家高度推崇这种美。既然天地创造的物之质美已臻完善,人工文饰就显得多余。道家虽也重质轻文,但与墨、法两家重实用而轻审美的出发点不同,道家十分看重审美,只不过它认为最高的美已集中在质之中了,如果进一步讲求"文",只会以"文"害"质"。

传统美学中的文质之辩为理解艺术内容与形式的关系提供了一种思路,但这样的理解也容易导致两种失之偏颇的看法:第一,将内容视作一种实体化的存在,认为艺术品的内容是存在于艺术品之中的某个实实在在的东西,它可以被描述、归纳、传达。艺术品的内容是固定的,只是等待着不同时空的欣赏者去发现这一固定物而已。第二,内容在事物内部,形式是属外的,是可以在内容之上增减的部分。

两种看法今天都受到了有力的批驳:第一种看法的问题在于没有注意到审美感受依赖的是感官直觉,审美体验具有强烈的个人性,它因人因时因情境而异。艺术的内容不是实体性的存在,而是我们欣赏作品时感受和领悟到的

---

① 转引自李泽厚、刘纲纪主编:《中国美学史》(第一卷),中国社会科学出版社1984年版,第526页。

② 转引自李泽厚、刘纲纪主编:《中国美学史》(第一卷),中国社会科学出版社1984年版,第169页。

存在于每个欣赏者心里的一种意蕴世界。现象学派的代表人物,波兰美学家、文学理论家罗曼·英加登采用了"意向性客体"(intentional object)这个概念。他认为文学作品只有一部分属性是作品呈现出来的,其余的属性等待着观赏者加以补充,是经过作者或读者的意向性建构后的结果。"意向性客体"超越了单纯的物理事实,也非纯粹的心理事实,而是主客交融形成的物理—心理客体。第二种看法没有注意到艺术内容和形式间并没有清晰的界限,例如对建筑来说,它的基本构架是形式还是内容? 绘画中色彩、线条的所指部分不也是内容的组成部分吗? 舞蹈中人的肢体从开始到结束的全部动作既构成舞蹈的内容,同时也是舞蹈的形式。事实上,我们讨论质与文、内容与形式无法做到清晰地"二分"。

二、藏族艺术的物质材料与符号形式

为了分析的便利,我们常常将艺术品划分为几个层次,属于形式的主要有物质材料层与符号形式层。

(一)物质材料

艺术都要依赖于现实中存在的物质材料,比如建筑中的石材与泥土、绘画中的颜料与纸张、音乐中的乐器和人的发声器官、电影的幕布与放映机……物质材料的特性会影响甚至决定艺术品的特质。海德格尔说:"即使享誉甚高的审美体验也摆脱不了艺术作品的物因素"①。

生活在青藏高原东南缘的嘉绒藏族,其建筑为体积庞大的碉房和碉楼,碉房与碉楼主要的建筑材料为当地出产的石材、木头与泥土。其中,石头为主材料,石材满足了人类对居所坚固性的要求,因为厚重与坚硬,用石头建造的房屋可以为人们遮风避雨,从实体和心理两方面帮助人们抵御来自外界的侵扰。

---

① 孙周兴选编:《海德格尔选集》(上),生活·读书·新知三联书店1996年版,第239页。

嘉绒藏族的石头建筑具有严谨、宏丽、粗犷、自然的阳刚之气,体现了藏族文化的宏壮之美。泥土为黏合剂,同时用来铺屋顶。由于横断山区森林资源丰富,在碉楼的内部结构和门、窗等细部的装饰上大量使用木材。匠人们凭着对天然片或块状石材石头、泥土与木材关系的理解,用最简单的工具,甚至建造出了高达 50—60 米的坚固的碉楼。当地人对这些材料特性的精准把握和利用使得嘉绒的建筑具有了一种独特的美,那是一种将物质材料的质感发挥到极致、在材料效果之上充分发挥建筑物的形式效果的美。再加上嘉绒地区高山峡谷纵横交错,建筑多"依山居止"(《后汉书·南蛮西南夷列传》),顺地势而建,尽量不破坏自然原来的脉络。建筑的色彩与当地环境相一致,无论石碉建筑还是夯土建筑都采用原色,只在门、窗等局部用少量石灰涂白。石头与泥土的特征是具有自然色彩和微妙的纹理,能与粗犷、自然的外在环境相呼应,能产生返璞归真的装饰效果。石头的另一个特征是石头建筑与自然环境中的山石融为一体。因此,新盖房屋和历经年岁的老宅均与周遭环境高度协调。这样的建筑和大自然浑然一体,展现了中国西部那种天人合一的神奇和壮美景观。

　　另一项物质材料对艺术传达的观念产生重要影响的例子是曼荼罗沙画。曼荼罗沙画是多位专职僧侣画工花费数日甚至数月精心绘制而成的画卷,成品多以圆形、方形、莲花等规整的几何形构图,绘有佛菩萨、经文、法器、吉祥纹饰等,内容磅礴,形制恢宏,色彩富丽,手法严谨。作品完成后会举行专门的宗教仪轨,然后由绘者亲手破坏,从复杂精细的绘制到毁掉后仅剩一堆彩沙,绚烂繁华瞬间湮灭,表达了佛教"色不异空,空不异色,色即是空,空即是色"的思想。花费长久心力而造的撼人心魄的作品却在刹那间消散,给人以极强的审美震撼。选择沙作为曼荼罗沙画的物质材料是因为充分考虑了沙的材质特点,沙画所选用的沙是白卵石手工磨制的白沙和黄金、绿松石、玛瑙等贵重物质研磨而成的细末,色度纯,饱和度高,视觉效果震撼;沙粒具有漫反射性质,光感效果显著,色彩丰富;沙粒质感厚重,画面造型感强,立体逼真。但我们尤其要注意的是沙在佛教世界中的独特意涵,《金刚经》里佛说法时常说"恒河沙数",用恒河沙比喻三千大千世界里极多的个体,沙在佛教里成为普遍而微不足道的存在的代表,但"一沙一世界",每一粒沙又是世界的投影,映射着整个世界的形象。透过万千沙绘制成的宇宙图景和其中每一粒沙象征的缩微世界,我们终于理解"凡所有相,皆是虚妄。若见诸相非相,即见如来"①,理解了曼荼罗沙画艺术创作的苦心孤诣(图3-2)。

图3-2 沙画坛城

(西藏博物馆藏,2016年摄)

(二)符号形式

形式是一个古老的概念,唯其古老才会歧义丛生。塔塔尔凯维奇在《西方美学六大观念史》中专章讨论了形式的概念史与理论史,他认为形式至少拥有五种重要的含义,分别与元素、内容、质料、偶然、感觉的杂多相对。② 在

---

① 石刚:《六祖坛经今注》,首都经济贸易出版社2007年版,第7页。

② [波兰]瓦迪斯瓦夫·塔塔尔凯维奇:《西方美学六大观念史》,刘文潭译,上海译文出版社2013年版,第251—253页。

这里我们讨论的是与内容、意蕴相关的形式,此时它主要指艺术构成的基本符号与元素,以及为了将这些元素关联成一个整体而进行的安排,与内容相对应的形式最终呈现为艺术的外表、体裁。即由造型艺术的色彩、线条、形体,音乐的音符、节奏、旋律,文学的语词、音韵等组成一个完整的"象"就是艺术的形式世界。

形式的目的当然要为呈现意义、意蕴负责,苏珊·朗格说"内容所以成为内容,是因为它具有了形式"①,黑格尔在《美学》第一卷中分析过艺术作品的内容与形式的关系,他认为"艺术之所以抓住这个形式,既不是由于它碰巧在那里,也不是由于除它以外没有别的形式可用,而是由于具体的内容本身就已含有外在的、实在的,也就是感性的表现作为它的一个因素"②,也就是说,内容之中已包含形式,形式成为构成和表现内容的重要部分。

我们也注意到形式自身也具有相当独立的审美价值,许多美学家注意到了这一点,克莱夫·贝尔认为纯形式才会唤起审美情感,因为作品就是一种"有意味的形式";卡西尔说:"外形化意味着不只是体现在看得见或摸得着的某种特殊的物质媒介如黏土、青铜、大理石中,而是体现在激发美感的形式中:韵律、声调、线条、布局以及具有立体感的造型。在艺术品种,正是这些形式的结构、平衡和秩序感染了我们。"③康德提出所谓"高度形式主义"更是将形式的价值抬高到无以复加的位置,"美只关乎形式,而不关乎质料,美只关乎时空构形,而不关乎内容意涵"④。不过康德的形式已经不是我们讨论的与内容对应的形式,而是一种排除了艺术品美的整体中的某些重要组成部分的纯粹先验的形式。

下面以极富藏族特色的山歌(拉伊)和嘉绒藏族建筑为例。选择这两个

---

① [美]苏珊·朗格:《情感与形式》,中国社会科学出版社 1986 年版,第 23 页。
② [德]黑格尔:《美学》(第一卷),朱光潜译,商务印书馆 1979 年版,第 89 页。
③ [德]卡西尔:《人论》,甘阳译,上海译文出版社 1985 年版,第 196 页。
④ 沈语冰:《康德的形式概念》,《世界美术》2007 年第 3 期。

例子是因为许多人注意到形式在纯音乐和建筑中的重要地位,甚至有人认为音乐和建筑中仅有形式而无再现元素式的内容,它们的形式就是内容。①

藏族山歌拉伊声腔宽阔高亢,音韵婉转,"由低音区直到高音区的延长音,热情舒展,然后又曲折下行直到低音区,轻吟低唱,这种忽而高翔入云,忽而低回婉转的旋律,跌宕起伏,动人心魄"②。听众即使听不懂藏语叙述的歌词内容,透过曲调、旋律同样能感受到其中或缠绵或忧伤或平静或喜悦的情感,这就是音乐形式的美。

前面的嘉绒碉楼案例除了石、木、土三种物质材料形塑的美感外,我们发现就基本元素关联成艺术的外表这一层面的形式来说,嘉绒建筑的形式美可以从宏观、中观及微观三个层次展开。宏观层面把建筑与周遭环境看作一个完整的景观,以整体聚落景观为对象。嘉绒地区大多山高谷深,开阔地少,地质构造脆弱,为了适应复杂的地形、节省有限的空间,其聚落一般依山就势,以靠近水源的向阳避风地带作为建村开寨的首选之地。狭窄河谷地带的村落大多背山面水,沿江河呈带状排列;建在山坡台地的村落,由于地势相对开阔,村落的布局整齐有序;地处高山的建筑往往沿着等高线排列,或被掩映在群山之中或循山势高低起伏。无论哪种类型,因为与地势相呼应,极富节奏与韵律感,呈现出群体布局的整体和谐美。这种建筑与环境完美结合,相得益彰的典型例子就是被誉为"中国最美村寨"的甘孜州丹巴县甲居藏寨。

中观层面以具体聚落空间为对象,最合适的参照系是单个村落的内部空间。我把嘉绒村寨按照地理条件的差异分为向心型村落、离散型村落、直线型村落和网络型村落四种。在嘉绒地区,位于山麓河谷地势较为开阔的地区有条件按照一定的秩序安排村落结构,往往会形成向心型的村落格局,向心型村

---

① 周新叶:《艺术形式与内容之悖论关系》,《扬州大学学报》(人文社会科学版)2014年第1期。

② 田联韬:《藏族音乐的地域性特征与音乐色彩区研究》,《中央音乐学院学报》2014年第4期。

寨建筑较紧密,有强烈的中心性,空间结构紧凑,内聚力强,房间排列紧密,间距狭小,有明确的街巷空间。坐落于山腰缓坡的村寨,由于地势具有一定坡度,建筑只能随地形变化而自由灵活地分布,这类村落建筑的布局较松散,间距较大,选择较平整的阶地建房,几户形成一个"组团",建筑沿田地边缘而建,寨子在主要道路为主干,各类小路向各个家户延伸构成四通八达的网状道路,形成离散型村落。在地势狭窄的河谷,沿着河流或道路的一侧或两侧分布着直线型村落,受地势所限,这类村寨一般规模较小,组合形式简单,直线型村寨的住宅与公共活动都集中在沿河或沿路的主轴上,道路整齐、单一,建筑与道路直接相接,道路成为沟通各家户的交通纽带,村落的公共空间和商品交换空间也沿着道路或河流排列,这种布局空间层次清晰、脉络单一。开阔的河坝、平缓的山坡或山间台地上,由于面积相对较大,可以形成规模较大、道路纵横的网络型村寨。无论哪种类型的村落都体现了藏民尽量不破坏自然原来的脉络,顺地势创造美好家园的做法。

微观层面则以单体建筑为对象,所谓"远者观势,近者观形",当我们站在一幢幢具体的建筑前时,我们的注意力被那些具有突出美感的细部打动。嘉绒民居无论大小,结构都运用了完美的力学原理,建筑下大上小,石墙下厚上薄,整个建筑外观呈梯形,形状简练而明快,石头本色之上点缀白色石灰图案,朴素而自然。在古朴石墙之上的雕饰华美的门窗,门是彩色的门,门上绘以各种或吉祥或有宗教寓意的图案,左右两边及门头是装饰性极强的边框;窗是彩色的窗,大胆运用红与绿、蓝与金,色泽艳丽,造型上凹凸相间的木方块整齐地排列在一起,构成抽象的线型艺术。

另一个体现形式具有独立审美价值的例子是绘画中的流派之分。中西方艺术的不同流派有时表现在各自钟情和擅长的绘画题材不同,此种情形下我们不容易判断是因为内容不同还是因为独特的形式,我们将它们分为不同画派。藏族的唐卡则不然,唐卡各个画派绘画的内容、题材往往大同小异,但一个对唐卡具有相当审美积累的人可以透过形式感的差异迅速把握它的流派归属,看见这一流派题材之外的情感情绪。藏族唐卡最主要的勉唐派吸收汉地青绿山水的画法,将菩萨置于彩云上,人物行走在青山绿水间,佛像背光除宝珠、卷草外,还加入祥云、花叶,整体布局生动,层次分明。不同于勉唐画派的柔和、明朗,钦则画派厚重、强烈,二者在唐卡界形成"一文一武"并列的局面,钦则画派喜好使用纯色、饱和度高的颜色,形成色彩饱满、对比强烈的艺术效果。噶玛嘎孜画派部分融入三维的透视画法,并将大量空间留给自然环境,使人物活动在风景优美的自然中,从而营造出优美的诗情和淡远的意境。噶尔热派人物面部清秀,笑容藏而不露。同样题材的画作因形式风格的差异让观者获得不同的美感享受。

三、藏族艺术的意象世界与超验境界

关于艺术作品形式与内容的分层我们借用的是朱立元主编的《美学》中的划分法,属于内容的主要有意象世界层与超验境界层。

(一)意象世界

"意象"是中国古典文学理论中的一个重要概念。传统诗论强调源于内在的心意结合外在的物象形成一种情景交融、虚实相生的形象。叶朗先生特别强调"美在意象",他认为不存在一种实体化的、外在于人的"美",也不存在一种实体化的、纯粹主观的"美",美是在物理世界之外构建了一个情景交融的意象世界。传统称为"内容"的部分在艺术欣赏中用"意象"或"意蕴"更为合适,因为艺术作品的内容是美感的对象,而非可以用逻辑判断或命题的形式来表达的内容。[①]

艺术的物质材料以及材料按一定原则关联成的形式并非艺术的真正目的,艺术最终将呈现为一个主体观照下的围绕艺术品的纯精神性存在。西藏

---

① 叶朗:《美学原理》,北京大学出版社 2009 年版,第 54—55 页,第 260 页。

日喀则市夏鲁寺保存了大量绘制于元代的精美壁画,其中不少作品被看作元代宫廷"西天梵相"的代表作(图3-3)。西方研究者将"西天梵相"称为尼泊尔—西藏风格,强调印度和尼泊尔的佛教艺术对西藏艺术的影响,不过国内学者通过对西天梵相的形成发展进行梳理,认为藏传佛教、汉文化和尼泊尔文化是这一风格形成发展的三大基石,他们的结论是西天梵相"是一种在藏传佛教艺术的基础上吸收汉族艺术、尼泊尔和印度艺术之后形成的宫廷藏传佛教艺术"①。在这几幅壁画中我们看见服饰上南亚热带气候的特点明显,人物上身袒露,下着短裙,身佩璎珞、臂钏、脚钏、手镯;壁画的色彩运用一改尼泊尔艺

图3-3　夏鲁寺壁画中的"西天梵相"

(2017年摄)

术色彩浓烈、色调很深的特点,而是运用柔和的色彩,采用淡绛红、浅绿和乳白色搭配;菩萨的面容安详而俊美,眉眼细长曲折,鼻子线条很直,嘴唇也用线条勾勒,双肩圆润,双臂修长,立式菩萨身体呈S形弯曲,身材苗条。壁画中菩萨细长的眉眼、似笑非笑的微抿的嘴唇,让有的观者从中主要看到了藏传佛教善神像所具有的静穆特点,②有的主要看到人物形象和比例匀称成就

①　谢继胜、熊文彬、罗文华、廖旸等:《藏传佛教艺术发展史》(上),上海书画出版社2010年版,第293—294页。
②　谢继胜、熊文彬、罗文华、廖旸等:《藏传佛教艺术发展史》(上),上海书画出版社2010年版,第383页。

的优美风格。① 其他欣赏者也可以从中看到佛菩萨安详的面目所展现出的慈悲、苗条弯曲的体态中的妩媚，以及男女混合的面相中的神秘。总之，由于意象世界是精神性的存在，因此，同一个艺术对象形成的意象世界就不是唯一的，欣赏者从自我世界出发，出现"经学家看见《易》，道学家看见淫，才子看见缠绵，革命家看见排满，流言家看见宫闱秘事"的结果。这种不同人看同一作品却看见不同内容的现象也反证了艺术内容不是实体性的对象，而是主体透过艺术品营造出的一种结合艺术品又超越艺术品的灵动鲜活的新世界。

由于意象是用形象性取代逻辑推演、概念阐述和直接的情绪抒发，无论属何种门类，无论产生自哪种文化，形象性都是艺术最基本的存在方式，与其他文化背景下的艺术相比较，藏族艺术虽有其独特之处，但其艺术同样不忘为欣赏者营造一种情境交融、虚实相生的意象世界，也同样借助意象世界打动了无数观者的内心。

（二）超验境界

艺术品当然可以仅停留在意象世界，因为意象世界已经充分展示了艺术内容结合恰当形式而呈现出的艺术魅力。不过，再往前一步，如果艺术除了让欣赏者沉浸在以形象为基础的情景交融的意象世界之外，还能让他们体验到某种深邃的历史感、人生感，体验到超越有限经验的宗教感、宇宙感，使欣赏者不仅感知美，更获得一种跨越现象直触本体的终极体验，此时的艺术就进入了超验境界层，这是艺术品能给予人的高级的精神享受。

所谓超验是超越经验世界的有限，超越因果、存在、概念等逻辑思维的限制而达的境界。在基督教哲学中，上帝被视作超验的典型，受此影响，西方艺术的超验境界更多体现在它的宗教性上，无论文学、绘画、音乐还是建筑，大

---

① ［美］玛丽琳·M.莱因：《藏传佛教艺术的美学特征、历史编年与风格类型》，姜静怡译，王尧、王启龙主编：《国外藏学研究译文集》十五辑，西藏人民出版社 2001 年版，第 157 页。

量的西方艺术作品或直接取材于宗教,或执着于宗教的善恶问题的思考,或以追求超越境界为目的,为我们奉献了具有崇高性、悲剧感和震撼效果的一类艺术。中国传统艺术的超验境界则是"胸罗宇宙,思接千古",不是立基于宗教体验,而是个人以觉悟、悟道的方式跨越有限的时空进入对宇宙和历史的整体把握,跨越单个的意象去体悟"景外之景"、"象外之象"的深沉韵味。

藏族艺术的超验境界同样与宗教有关,藏族艺术与宗教是始终深刻缠绕在一起的。实际上,境界一词最初就来自佛教,佛教对现象世界做的分类中有"六境界"说,包括色境、声境、香境、味境、触境、法境,是眼睛、耳朵、鼻子、舌头、身体、意识等六根展开活动的对象,是指我们透过感官接触、感受、认识到的客观世界,这种泛指所有具体可感景象的境界似乎与超验境界的形上意味相背离。但事实上佛教最终想要破除一切内外、主客等对立关系,六根所对应的六境界乃是一种为了展开说明其理论的权宜之计,佛教追求的终极境界涅槃即是实现了超越能所、性相、根尘、智境的绝对概念。

藏族艺术凡涉及宗教的无不指向超验、抽象的主题。其中,直接表现宗教观念的如六道轮回图、佛教宇宙观图,曼荼罗图符、十相自在图等,观者只有在了解图画意欲表达的故事与道理之后,才会领略其艺术感染力;另一些佛教艺术不直接陈述宗教观念,而是通过佛、菩萨、天女、诸神、高僧、佛国等或优美或神秘或畏怖的形象唤起我们的审美感受,透过人物安详的外表、优美的姿态、富于象征意味的动作、"无有众苦,但受诸乐"的西天佛国的美好图景、佛本生故事中充满苦难却又感人的场面,让我们思考善恶、苦乐等终极问题;藏族佛寺外观的宏壮气派与内部的繁复压抑,可以帮助走入其中的人迅速忘记现实世界,进入沉思和神秘的领域;即使是那些带有世俗化色彩的艺术作品,比如英雄史诗《格萨尔王传》虽以大团圆结局,但丝毫没有减损它的崇高感和震撼效果。岭地国王格萨尔历经坎坷,终于降服了化身为异族国王的形形色色的魔鬼,并带着被掳走的王后荣归故里,这种征服异族的故事既给我们英雄主义的满足感,又因战争的循环往复和充满艰辛给人一种精神震撼,让我们从中体验到集传说、历史与神话于一体的文本与说唱的宏阔悲壮。

第三节　感性与理性

一、藏族艺术中的感性

在任何民族的艺术中,我们大概都可以分析出感性与理性的因素。康德的感性定义为"通过我们被对象所刺激的方式来获得表象的这种能力(接受能力),就叫作感性"①。从藏族艺术的四种审美类型看,宏壮、繁复、畏怖与隐秘很多时候就表现出了这种被对象刺激后的才强烈感知到对象存在的一种感性的狂欢:宏壮突出的特点就是形式上的大,当巨大的形式作用于审美主体时,主体会感受到强大的压迫性,这是外部世界刺激感官所形成的感觉,也会激发起我们与这种压力对抗的精神;繁复将复杂的色彩、图形、人物等堆积在一起,它的复杂性使得它无法在第一时间传递出某种清晰的主题,而是以强烈的视觉效果为中心影响观者的情感情绪反应;畏怖型艺术往往出于宗教的考虑主动将关注点放在审美效果上,观者在看到这些造像、法器或相关文字时会产生强烈的恐怖心理,这类艺术大多在细节上有精致的追求,细部栩栩如生,对感官的震撼效果强烈而持久;为营造神秘的氛围,隐秘型艺术往往借助象征的方法,"西方理论多处提到象征和神话是内在体验的唯一表达方式"②,这类艺术强调个人内在体验,离理性较远距感性较近。

艺术的感性除了来自视听的色彩、形状、音响和耳朵听闻的乐音外,鼻子嗅到的气味、舌头尝到的味道以及身体的触感也包含其间。其中视听在感性

---

① ［德］康德:《纯粹理性批判》,邓晓芒译,人民出版社2004年版,第25页。
② 童强:《艺术理论与美学中的感性》,《中国文艺评论》2018年第4期。

中的地位早已获得确证,在西方的传统中所谓感觉能力仅包括看与听。① 中国的艺术传统中则早已给予其他感官一定的地位,比如对沉香气味进行品评的"香学",比如对文玩、器皿的把玩之学,比如从味觉感受的角度(玩味、品味、余味、滋味、禅味……)来表达审美体验的传统。今天,官能化的美感经验已经成为时代的审美现象,视听以外的其他感官也日益被承认参与构建了完整的艺术体验,被视为具有审美般的性质。"审美以前只鉴赏对象的形式,但现在审美也鉴赏对象的'质料'。"②

　　藏族艺术由于与具有身体实践化特点的密乘信仰有深刻关系,对那些参与了身体实践的感官具有很高的依赖性。譬如我们漫步寺院欣赏四壁精美的绘画时,除了画作本身的线条、色彩以及绘画所表达的内容是我们审美感受的来源,弥漫在空气中的寺院独特的香的味道也同样成为了我们艺术欣赏的构成部分。我们知道佛教与香的渊源极深,众多佛经中都有关于香的记载,比如《华严经》说在广阔幽深的宇宙中有无数佛国,亦有无数香水海重重环绕。《维摩诘经》说在娑婆世界之极上处有名为"众香国"的佛土。众香国里"香作楼阁,经行香地,苑园皆香,其食香气,周流十方无量世界"。众香国里说法"但以众香令诸天人得入律行,菩萨各各坐香树下,闻斯妙香",菩萨只需以鼻根闻香气便可得解脱(《维摩诘经·香积佛品第十》)。佛教认为妙香与圆满的智慧相通,香是修道的助缘,香能够使人心生欢喜,空灵澄澈,于心旷神怡之中进入正定状态。佛教中的香品类丰富,有用于熏烧的"烧香",有涂在身上的涂香,有研成粉末的末香等。香不仅供在佛像前,还用于供奉经书。香料也常被掺入涂料中用于粉刷佛殿的堂柱门窗。藏传佛教保持了佛香用药的古老

---

① 我们也注意到,自 17 世纪末以来,在西方另有一股将触觉视作首要感官的思想暗流,支持该主张的人包括贝克莱、伏尔泰、狄德罗、赫尔德等人,尤其是赫尔德,他认为美学(感知学)关注的是情感、感觉领域,不同于理性认识的明晰,感觉领域是幽暗领域,模糊认识的领域,在幽暗领域"美学(感知学),为了名符其实,也应该是触觉的哲学。"高砚平:《赫尔德论触觉:幽暗的美学》,《学术月刊》2018 年第 10 期。

② 刘旭光:《"感官审美"论——感光的鉴赏何以可能》,《浙江社会科学》2017 年第 1 期。

传统,供奉不同的佛菩萨、金刚、度母、神灵要使用不同的香。烟供、火供等宗教仪轨中对香也有不同的要求。这些都构成了藏区佛寺和家屋经堂独特的气味,我们在欣赏这些陈列于宗教场所的艺术时,伴随着的气味便成为我们关于这些艺术的独特记忆之一。

触感或者说肤觉在艺术鉴赏中的作用主要体现在对艺术质料的敏锐体验,用于宗教仪式的酥油花和"朵玛"是分别以酥油或糌粑面为材料的特殊雕塑艺术,内容包括佛像、人物、山水、亭台楼阁、飞禽走兽等,色彩明艳,形式精巧,层次丰富。在酥油花和朵玛提供的视觉之美中,我们注意到其独特性之一来自它的质感,一种柔滑细腻的触感转化而成的视觉感受。黑格尔在《美学》一书中曾以手摸女神雕像的滑润的大理石为例,认为是通过触觉我们只能触及到感性个体以及它的重量、硬度、软度和物质的抵抗力,而艺术品最重要的是在感性事物里显现出的精神。[1] 对此我们并不认同,大理石材质的雕塑给予观众的视觉感受绝不同于木头材质的雕塑,大理石雕阳刚向上的气质正是大理石的重量、硬度等质料特点赋予的,所以赫尔德才将雕塑明确定义为触觉艺术。[2]

触觉在藏族艺术中的地位还可以举宗教仪式上喇嘛们手持的精美的金属法器和信众手中做工极其精巧的菩提子佛珠为例。在宗教仪轨的进程中,僧侣们需要手握金刚杵、金刚铃,这些法器用金属制成,有一定的重量,长期使用后手感变得十分光滑,这种触感为举行仪式的僧侣们的宗教情感铺垫了相应的心理基底。当然,对于僧侣们而言,法器只是完成仪式的助缘物,很难为他们提供非功利的审美愉悦。但是对于那些将法器视作艺术品的人来说,金属沉甸甸的质感、光滑的手柄,以及附着在法器上的无数次宗教仪式的加持所形成的氛围无疑会增加它的魅力。在过去的讨论中,我们往往会忽略这一点,把艺术品从它的氛围中剥离出来,仅仅看作一个孤零零的无所依赖的个体对待,

---

① [德]黑格尔:《美学》(第三卷上),朱光潜译,商务印书馆1979年版,第13页。
② 高砚平:《赫尔德论触觉:幽暗的美学》,《学术月刊》2018年第10期。

忘记了艺术品在自身历史中不断涂抹上的外在之物也是构成其魅力的重要成分。信众的菩提子佛珠手感粗糙，有许多凸起和棱角，菩提子佛珠除了宗教的用途，还可把玩、健身、观赏，手持菩提子佛珠的人无法不去注意到它的材料质地，在这一过程中，感受者凝神专注于物本身，往往完全摆脱了功利性，产生了以非功利为本质的审美愉悦。

在艺术的领地里，感性、感觉毫无疑问是基础，也是中心，因为艺术靠我们敏锐而丰富的感觉来支撑，而不是理性和概念。我们也意识到除了西方传统中占据主导的视觉与听觉，在艺术欣赏的过程中，眼、耳、鼻、舌、身五官共同作用才建构了丰富的艺术世界，笔者认为这一点在感性复兴的当代无疑已成为一种共识，也应该成为我们重新看待所有艺术的共同视角。

二、藏族艺术中的理性

美学界的主流是美学家和他们的美学思想"贬低甚至否定感性能力的美学意义，转而夸大理性能力在审美活动中的功能与作用"[1]。从古希腊的柏拉图、中世纪的经院哲学家以及德国古典主义的哲学家们，这些美学史上最为耀眼的大家中虽然已经有人开始肯定感性能力的美学价值，但在感性与理性的价值评判上，他们无法抑制对理性的偏爱，毫不犹豫地将感性能力放在人类认识能力的低阶上。黑格尔主张"美就是理念的感性显现"[2]，谢林的观点是"理智直观这种普遍承认的、无可否认的客观性，就是艺术本身"[3]，卡莱尔认为艺术是"抽象在具体形式中的显现"，艺术中感性不可或缺，但美的真正根源仍然被视作超感性的绝对理念、理智直观和抽象。

这种认识有必要转换一下主次关系，艺术当然应该有理性因素，因为艺术也会传递知识、表达观念，但艺术的目的绝不是为了表现事物的本质，它更多

---

[1]　赵玉：《"美学"："感性学"还是"理性学"》，《美学》2010年2月。
[2]　[德]黑格尔：《美学》（第一卷），朱光潜译，商务印书馆1979年版，第142页。
[3]　[德]谢林：《先验唯心论体系》，梁志学、石泉译，商务印书馆1983年版，第273页。

的是艺术家和欣赏者对艺术对象的个人观感,这种观感让我们经由它去体验生命,去感受自由意志,最终与人类的普遍情感发生共鸣。

藏族艺术中的理性最明显的表现在于象征,前面我们说因为象征是内在体验的方式,故而是感性的。但象征同时又是象征物与象征意义的结合体,象征总是为了传递某种象征意义的,象征的"象"是一种表征,"象"的运用是为了将我们从表面的"象"引向背后的那个观念,"象征运思的全部实质在于:通过感性直观和本质洞见,使感性事物和非感性事物在反思性想象中相遇和吻合,最终超越直接感性存在,使蕴涵整体性存在的象征意义得到彰显和出场"①。审美理性出自哲学理性,但又不能完全等同于哲学理性,审美理性是能够诉诸直观的理性。象征艺术以艺术形象的方式出场,有时形象自身的魅力使象征意义隐而不显,我们甚至会忘却它的背后的理念与意图,但即使这样我们也无法忽视艺术中大量象征的存在。

我们在第二章中列举了卍字符、曼荼罗等藏族艺术中常见的象征图符,这些符号或作为一种元素或单独出现在艺术作品中,从某种意义上说,不了解其宗教奥义并不会妨碍我们将其单纯视作颇具形式感的艺术品看待。但当我们被从外围的形式导向中心的意蕴,开始试着去理解其深刻的宗教奥义,然后走出,站在一个恰当的审美距离再次凝眸欣赏它们,我们会获得更丰富的审美体验。所以这类艺术的象征意义决定了我们该怎么观看、怎么欣赏、如何理解。不过我们也要注意到象征意义的开放性,历史和文化的推演可能会不断增加它具有的复杂指涉,指涉对象的复杂性和多元化要求我们要尽可能地考察更多的象征特征,并回到作品本身,所以,最为核心的并不是其所指涉的象征意义,而是作为象征物本身的艺术作品,这就是艺术的逻辑。

① 谭容培、颜翔林:《差异与关联:重释审美感性与审美理性》,《湖南师范大学社会科学学报》2014年第1期。

第四节　几组范畴的比较

一、壮美与宏壮

（一）中国美学中的壮美

中国传统美学有壮美与柔美之分，体积巨大、速度迅捷、力量强与性质刚的一类美为壮美。壮美与柔美之分根源于《周易》中的阴阳之别。天地万物原本是阴阳互动互生的产物，"易有太极，是生两仪，两仪生四象，四象生八卦"（《易传·系辞上》）。"《周易》虽然还未明确地提出'阳刚之美'和'阴柔之美'的区分，但它在对'乾刚坤柔'的一些论述中，已经朦胧地意识到这两种不同的美的存在了。"①

"乾始能以美利利天下，不言所利，大矣哉。大哉乾乎，刚健中正，纯粹精也。六爻发挥，旁通情也。时乘六龙以御天也。云行雨施，天下平也。"中国美学在根源上已经为我们开启了对两种不同类型的美的追寻与探讨，乾卦体现了古人对无比宏大、充满力量的宇宙之美的感受。

到孔子那里，中庸、中和被运用到美学上，即所谓的"乐而不淫，哀而不伤"，美应既不偏于阴柔，也不过分阳刚，这在很大程度上影响了此后的中国美学，"中和"成为中国人审美的至高标准。不过，之后的美学史上我们依然可以发现对阳与阴两端的审美各有发展，其对应的美学范畴得到了积极的扩展，获得了相应的肯定。

"亚圣"孟子有"我善养吾浩然之气"、"充实之谓美"等说法，着力于君子的人格美提出，孟子将人格美分为善、信、美、大、圣、神六个等级。"可欲之谓

---

① 李泽厚、刘纲纪主编：《中国美学史》（第一卷），中国社会科学出版社1984年版，第308页。

善,有诸己之谓信,充实之谓美,充实而有光辉之谓大,大而化之之谓圣,圣而不可知之之谓神。"(《孟子·尽心下》)人格等级的提升有赖于在范围和程度上的越加强烈、广大,最后成就了一种辉煌壮观的美。而贯穿于孟子文章与美学思想中的"浩然之气"对后世文人追求宏阔的文气产生了积极的影响。

庄子一脉追求大道之美。"夫道,覆载万物者也,洋洋乎大哉。"(《庄子·天地》)道之所以能代表最高的美,是因为其囊括宇宙,无限广大。所以"河伯"见海神才知自己的鄙陋,井蛙所见的"一壑之水"与东海之鳖所见识的深广不可测度的大海不可同日而语。《庄子》中塑造了大量气势磅礴、汪洋恣肆的形象,如"抟扶摇而上者九万里"的大鹏(《逍遥游》),"乘云气,御飞龙,而游乎四海之外"的神人,(《逍遥游》),"上窥青天,下潜黄泉,挥斥八极,神气不变"的至人(《田子方》)以及"至阴肃肃,至阳赫赫;肃肃出乎天,赫赫出乎地;两者交通成和而物生焉,或为之纪而莫见其形"的老聃(《田子方》)。庄子推崇的"大美"对后来中国文艺中的汉赋,李白诗、韩愈、苏轼文,张旭、怀素书等所追求的豪放风格有直接的影响,而《庄子》一书也因其"汪洋恣肆"的风格成为先秦诸子中最具华彩的典范。

汉赋以其琳琅满目,应接不暇的"巨丽"、"侈丽"特点著称。"赋圣"司马相如的《子虚赋》、《上林赋》等作品以昂扬向上的精神去歌颂万物之美,表现出汉武帝时代的高度繁荣和宏伟气魄。长期以来,文学史对汉赋的评价不是太高,认为汉赋多虚辞滥说,对后世宫体诗堆砌、造作、轻佻、颓靡的文风也应负起部分的责任。对此,李泽厚、刘刚纪先生当年的评价还是较为中肯的:"汉赋在很大程度上摆脱了儒家思想的束缚,高度重视艺术所具有的审美价值。而这种美,又绝非像迂儒们所指责的那样是下流的、淫荡的、有害的。相反,它表现了我们民族在汉代那种伟大的创造气魄,用举世罕见的恢宏壮观的艺术形式记录了我们民族当时在物质文化和精神文化上所取得的高度成就。"[1]

---

① 李泽厚、刘刚纪主编:《中国美学史》(第一卷),中国社会科学出版社 1984 年版,第563 页。

魏晋六朝进入到"文的自觉"的时代,出现了大量的理论著作,尤其是文学理论著作,南朝梁刘勰的《文心雕龙·体性》将文学归纳为八种风格(八体),其中第六种风格为"壮丽","壮丽者,高论宏裁,卓烁异采者也",按字面解释即指作品议论高超、体裁宏大,卓越超群。《体性》篇还讲到"壮与轻乖",与壮丽形成对照的风格是"轻靡",助于我们进一步理解壮丽这种风格的特点。"轻靡者,浮文弱植,缥缈附俗者也",这里的"轻"指辞藻浮华,情志无力。可见,"壮"与"轻"主要指作品力度的强弱与刚柔。

唐代皎然的《诗式》在谈论诗歌风格时提出"高"、"逸"、"贞"、"忠"、"气"等19种,其中与壮美相关的为"力",所谓力者"体裁劲健曰力"。《诗式》中重视"力"的语词俯拾皆是,"力全而不苦涩"、"力劲而不露"。严羽《沧浪诗话》提出诗有9种风格,其中"雄浑"、"悲壮"关涉壮美。晚唐司空图所著《二十四诗品》专谈风格问题,二十四诗品即二十四种艺术风格和审美类型,其中"雄浑"、"劲健"、"豪放"与壮美相关。虽然作者处处从道家哲学出发,体现了悉心求道、笃好虚静的隐士的审美,但"雄浑"中的"具备万物,横绝太空。荒荒油云,寥寥长风"、"劲健"中的"行神如空,行气如虹。巫峡千寻,走云连风"、"豪放"中的"天风浪浪,海山苍苍。真力弥满,万象在旁",依然用诗的语言描摹出一幅幅豪放大气、极富壮美意境的画面。

以上讨论中国传统美学中的"壮美"多以文学作品和理论举例,这是因为在中国的古典传统中"文章乃经国之大事,不朽之伟业",文学尤其诗歌在中国传统文艺中居于最核心的地位,故而有大量相关的论著可供参考。事实上,在书、画、乐、舞等其他艺术门类中,对壮美的追寻和推崇仍有迹可寻。

中国书法包括篆、隶、草、楷、行五体,各体追求的美各不相同。其中,刻在青铜器上的金文(又叫钟鼎文,属大篆)因为依托媒介的特殊性,表现出端庄浑穆的庙堂气质。汉代的隶书是一种以庄重见长的字体,横画长而直画短,书写效果略宽扁,呈现出奔放、流畅、阔大的审美气象,西晋书论《隶书体》说"缤纷络绎,纷华粲烂。绲缊卓荦,一何壮观"[1]。魏晋南北朝,刻石文字魏碑体(隶书向楷书的过渡字体,也有人认为是楷书的一种)大部分是以雄强、奇伟、豪放为风格,康有为在《广艺舟双楫》说魏碑有"十美",首位就是"魄力雄强"。草书风格潇洒不羁、一气呵成,给人以痛快淋漓之感,《草书状》说草书之美在于"忽班班而成章,信奇妙之焕烂,体磊落而壮丽,姿光润而璀璨"[2]。此外中国书法有所谓"商周尚象,秦汉尚势,晋人尚韵,南北朝尚神、唐人尚法、宋人尚意、元人尚态、清人尚质"的说法,不同历史时期的人们对书法的偏好各有不同。其中,唐代书法法度严谨、气魄雄伟,崇尚力度美,表现出民族盛年时期的气魄和开拓。就个体书家而言,魏初大书家韦诞"书如龙威虎振,剑拔弩张"(梁代袁昂《古今书评》),曹操书法特点为"笔墨雄赡"(梁代庾肩吾《书品》)、"雄逸绝伦"(唐代张怀瓘《书断》)。钟繇书"如云鹄游天,群鸿戏海",王羲之书"字势雄逸,如龙跳天门,虎卧凤阙"(梁武帝萧衍《古今书人优劣评》)。狂草的两大代表书家唐人张旭、怀素,他们的书法可以用"矫若游龙,疾若惊蛇"形容,纵逸豪放,具有强烈的盛唐气象。

中国画以"山水居首",山水画多以道家隐逸精神和禅宗空寂思想为宗,表现出追求气韵生动、意境旷远等特点,南宗的文人画便是此类山水画的代表,由于推崇"文"气,整体风格偏向简淡、空灵,以至被视为传统山水画的最高表现。北宗画苑画一系追求"硬"的风格,画作笔力遒劲,气势磅礴。按照董其昌的划分,北宗画以皇室画家和为皇家服务的画院画家为主,属学院派,北宗系统以唐代李思训为宗主,南宋马远、夏圭为中坚。李思训的画以刚硬的线条勾斫,一改六朝时期的细柔线条,他的金碧山水直接启发了后世的青绿山水,王希孟青绿山水巨作《千里江山图》便是宋代画苑画的杰作。马远、夏圭的画几乎全是刚性的线条、猛烈的大斧劈皴。

---

① 西晋成工绥著,见《初学记》卷二十一,《预览》卷七百四十九(题作《隶势》),明人辑《成公子安集》收入《全晋文》卷五十九。

② 西晋书法家索靖著,《晋书·索靖传》全文收录。

　　在董其昌的分类中,南宗画以非学院派的文人士大夫、高人逸士以及身在官场、心存隐逸的画家为主要代表,他们多为隐士型的人物,故画作形式柔弱,没有刚性线条和大片的浓墨。实际上被他归入文人画阵营的画家中同样不乏构图雄伟大气的画家及作品,如五代时期荆浩的《匡庐图》,全图峰峦巍峨、林木参差、溪流曲折、布景丰富,体现了大地山川的宏伟壮丽,这种表现天地无限、造化壮观的"全景山水"创造了水墨山水画史的重要类型。五代的董源被视为南宗的实际领袖,但《宣和画谱》对董源的风格描述则是"大抵元(董源)所画山水,下笔雄伟,有崭绝峥嵘之势,重峦绝壁,使人壮而观之","然画家止以着色山水誉之,谓景物富丽,宛然有李思训风格",这里的叙述与我们心目中那个画风平淡天真的董源相去甚远,只可惜他的这类具有壮美特点的作品未能传世。北宋范宽的《溪山行旅图》是一巨幅立轴山水,构图居核心位置的主峰耸矗兀立,占去画面三分之二面积,此图极其生动地展现了关中山川壮丽浩莽的景象。其"大气磅礴、沉雄高古"(徐悲鸿语)的气势历代受到推崇。

　　至于中国传统的乐与舞,主流的审美应是以优美见长,传统乐、舞的审美特点即以"和"、"韵"、"雅"、"逸"等为关键词。代表中国文人最高技艺的琴,和、静、清、远、古、淡等是其声音情绪的主要追求。当然,作为人类情感的重要抒发方式,中国人也需要表达浓烈、激越的情绪,一曲《满江红》便抒发出壮士驱除胡虏、从头收拾旧河山的豪迈之情,其大跳音程和舒展的节奏结合形成的动人旋律充分表现出壮美的品味;古筝或琵琶曲《十面埋伏》属武曲的代表性作品,用音乐叙事的手法完美地表现了名闻古今的楚汉之战,那激动人心的旋律令听者无不热血沸腾。

　　(二)壮美与宏壮的差异

　　性质上的刚是藏族艺术宏壮审美与中国传统艺术壮美的共同点,但二者也有一些差异,具体表现如下。

1. 美的内部实现与外部延展

中国美学中的壮美多着眼于艺术本身,在艺术内部实现。我们说诗文之壮美,是指诗文描绘了一个绚烂壮丽的世界,姚鼐在《复鲁絜非书》中说"文者,天地之精英,而阴阳刚柔之发也……其得于阳与刚之美者,则其文如霆,如电,如长风之出谷,如崇山峻崖,如决大川,如奔骐骥"。书法之壮美多指某些书体天然的刚健倾向,以及部分书家书写笔法、笔力的雄强、豪放;绘画之壮美既指绘画的笔法,也与所画内容有关。也就是说这些传统的艺术形成了一个自足的世界,这样可以保证观者以一种审美态度和持续的审美兴趣对艺术客体进行关注,我们沉浸在这个世界内部即可完全感受到艺术的阳刚美。

藏族艺术的宏壮之美往往以自然为底色,其上的艺术化身为前景,底与景合在一起共同成为我们欣赏的对象,也就是说藏族艺术的宏壮已经突破了艺术客体的"边框"而与周围的环境联系起来。那些矗立在藏区壮丽的自然背景之上的寺院建筑群落、宫堡和高大的碉楼,铺晒在山头坡面的巨幅唐卡,绵延在神山圣湖周围以及悬挂在山间的铺天盖地的经幡,这些艺术的宏壮既源于它们本身形体的高大和占据空间的广阔,但其所依托的自然的宏壮气势同样不可忽视,建筑、唐卡、经幡等正是借着同样壮观的自然的底色才愈加显出本身的宏壮。这一点很像中国古典园林的借景法,通过将适宜的美景引入来打破界域、扩大空间、创造新的审美意境,恢宏的藏族艺术与恢宏的藏地景观恰好相得益彰、相互成就。

我们知道传统的艺术欣赏尽管周遭环境有时会强化或削弱艺术效果,但艺术作品仍应该被看作有边界的客体,其美学品质来自其内部结构,来自其各种成分的相互作用,艺术品应该安静地守在其物理界限内部。由于藏族艺术是一种在天地人神的合力之下形成的艺术,是矗立在大地之上的艺术,这种艺术兼具自然与人文气息,具有复杂的面相。所以我们在欣赏藏族艺术的宏壮气质时,也就同时将其所矗立大地一并纳入我们的艺术感受范围之中了,在那种类似于"天人合一"的哲学观指导下,艺术与生活、艺术与自然间森严的界限消失了。

2.观念基础不同

中国主流思想无非儒道互补,但两家对中国的影响却在不同的领域。徐复观注意到,"以仁义为内容的儒家人性论,极其量于治国平天下,从正面担当了中国历史中的伦理、政治的责任"①。老庄建立了最高概念"道",道家在精神要与道为一体,抱着道的生活态度安顿现实。至于道家所说的道"若通过功夫在现实人生中加以体认,则将发现他们之所谓道,实际上是一种最高的艺术精神"②。道家的道是一个很玄妙也很宏阔的概念,既包含思辨的形而上的一面,也包含现实人生应用的一面,当我们说道与艺术相通,实际上是在说道家在追求道的自由性和无限性时,却不期地达到了精神上的自由解放,即实现了自身人格的彻底艺术化。道家尤其是庄子以"逍遥游"的姿态乘云御龙,游乎天地之间、四海之外时,正好实现了艺术以无限和超越为主旨的境界。以此为哲学基础,我们发现中国艺术中凡带有浪漫主义气质的部分都或多或少表现出庄子式的汪洋恣肆、奇幻谲诡,其中一些完全可以划归入壮美的阵营:文学中的楚辞如此,汉赋如此;绘画中的全景山水画如此,青绿山水如此;书法中的狂草如此。这些艺术阔大的意境其背后都有道家因"无待"、"无己"而表现出的"独与天地精神相往来"的气魄。

藏族艺术的宏壮来源于苯教和藏传佛教宏大的宇宙观念。苯教将宇宙分为上(拉界、神界)、中(念界、人界)、下(龙界、水系生灵)三界,神界为天界,共十三层,居住着各种神祇;念界即人界;龙界指地底下的水中生灵,也包括人间的海子、池塘、灌木之下的生灵等。世界是人与神以及地下水系生灵共处的世界。由三界宇宙观带来了神山信仰,高耸的神山主体在人界,但它可以上达神界,根部伸入龙界,成为连通"拉、念、龙"三界的通道,今天藏区还有许许多多著名的神山。挂满神山以及神山旁圣湖四周的经幡,以在风中猎猎飘扬之

① 徐复观:《中国艺术的精神》,华东师范大学出版社 2001 年版,第 27 页。
② 徐复观:《中国艺术的精神》,华东师范大学出版社 2001 年版,第 29 页。

姿向山神和其他天神传达自己的愿望,构成藏区独特的人文景观,也形成了一幅壮丽的艺术景象。

佛教中的宇宙时空是无限的,从空间看,下部的地域到四大部洲再到梵天,有一个太阳一个月亮,构成一小世界,一千个这样的小世界为一个"小千世界";一千个这样的"小千世界"即为一"中千世界";一千个"中千世界"即为一个"大千世界"。假如以一小世界为单位,一"大千世界"包含十亿个小世界。因小千、中千、大千世界层层组合,一个大千世界包含小、中、大三种千,合称"三千大千世界"。释迦佛祖所教化的包括人在内的众生世界就是这样的三千大千世界,可是类似这样的世界,佛教认为其数无量无边。佛典说三千大千世界的无量无边如微尘,如恒河沙数,称为十方微尘世界或十方恒河沙世界。从时间上看,宇宙既有消长又无始终,世界在一个消长周期须历经成、住、坏、空四劫。佛教的"劫"指一个极长的时段,粗略计算,大约 1600 万年为一小劫,3.2 亿年为一中劫,12.8 亿年为一大劫。在成、住、坏、空的四个时期内,各需经历不同种类和长短的劫数,具体时间难以计算。每一三千大千世界都要经历成、住、坏、空四劫,无量无边的三千大千世界也要不断经历成、住、坏、空,无限的时间,无限的空间,一切相继消长,漫漫无始无终。

佛教世界宏大的宇宙观投射到现实世界中,佛、佛寺、佛法都成为神圣世界强大力量在人间的显现。用于展佛的巨大唐卡,其绘制归根结底是为了礼拜和观想。展佛就是为这些神圣的唐卡匹配一个展示及供人瞻仰的时空,进而显示佛陀的威严庄重与佛法的精深玄妙。晒佛台上巨大的神灵与晒佛台下个体虔诚的信众在尺度上形成强烈的对比,正隐喻了有情众生与神佛的强烈的力量对比关系。

寺院是人与佛在世间共同的居所,将寺院建造得高大宏伟,显示了佛的尊贵,汉传佛教的寺院虽以宫殿为蓝本来建造,显示出神灵世界被赋予很高的尊崇,但佛寺屋顶的规格、样式、材料却被规定并不能凌驾于皇威之上。藏地寺院则没有这方面的限制,主殿多用金顶,配以各种鎏金饰物,明显高于世俗建筑的规制。

　　神山圣湖周边的经幡、嘛呢石刻和环绕寺院的转经回廊则显示了佛教的另一种无限观念,即追求数量上的无限。藏传佛教信众的修行被简化为一生中一遍遍重复地念诵经文,念诵越多功德越大,于是经幡上除了马与四兽,还印上"六字真言"和其他祈祷文,经幡一片连着一片,风吹幡动,就代表这些经文被不断地念诵。转经筒内也包裹着层层卷起的经文,转动一周同样相当于念诵了一遍。藏民在日常里生活里小型转经筒不离手,许多人家里还有体积更大的需要绳索牵动的转经筒,寺院则有专供信众绕行的转经回廊。随着人们物质财富的累积,许多地方出现了形体很大的、需要数人合力才能拉动的巨型转经筒,转动一周念诵经文的功德不可胜数。被称为写在大地上的经卷的嘛呢堆以在石头上刻有佛经中的六字真言和各种佛像而得名。因为藏民坚信只要不断地把他们日夜默念的六字真言和本尊佛纹刻在石块上,就能洗清他们此生的罪而获致美好的来世。所以在藏区大大小小的嘛呢石遍地可见,甚至形成了青海玉树新寨长约一百多米的嘛呢墙的壮观景象。

　　佛教在时间、空间及数量上的宏大的无限的观念直接造就了藏族审美对宏壮的执着,也使藏族人民将一些原本不完全属于艺术的物转化为了令人击节赞叹的艺术品。一块刻有经文的嘛呢石不一定是艺术,但成片蔓延铺展在大地之上的嘛呢石墙却一定是艺术,藏民以大自然为媒介,创造出艺术与大自然有机结合的一种富有艺术整体性情景的视觉化艺术。

二、繁缛与繁复

(一)中国美学中的繁缛

　　中国人的审美向来以简淡、质朴为上。庄子的"素朴而天下莫能与之争美"(《天道》),"澹然无极而众美从之"(《刻意》),"虚无恬淡,乃合天德"(《刻意》);老子的"五色令人目盲,五音令人耳聋";韩非的"礼为情貌者也,文为质饰者也。夫君子取情而去貌,好质而恶饰"(《解老》)都成为后世尊崇简淡之美的思想源头,尤其庄学直接启发了后世中国艺术的主体精神。

但中国艺术中也不乏"繁"的一面,在文学中尤为明显,我们所用的"繁缛"一词就直接来自刘勰《文心雕龙·体性篇》,刘勰按风格差异将文章分为"八体",其中第五体为"繁缛",他说"繁缛者,博喻酿采,炜烨枝派者也"。指文章用喻博,文辞丰,善铺陈,给人以流光溢彩之感。繁缛向前发展容易走向雕藻、绮艳。唐代崔融的《唐朝新定诗格》说诗有十体,其中第五为雕藻体,"雕藻体者,谓以凡事理而雕藻之,成于妍丽,如丝彩之错综,金铁之砥炼是"。唐代留学中国的日本僧人空海在《文镜秘府论》中对《文心雕龙》八体说稍加改易,将文章风格分为博雅、清典、绮艳、宏壮、要约、切至六体,《文心雕龙》中的"繁缛"在《文镜秘府论》中变成了"绮艳"。繁缛也可以延伸到其他艺术门类风格的界定上,指代复杂、精细甚至繁琐的审美情趣。宗白华先生说中国美学史上有两种美感或美的理想,其中之一为繁缛之美,包括"楚国的图案、楚辞、汉赋、六朝骈文、颜延之诗、明清的瓷器,一直存在到今天的刺绣和京剧的舞台服装,这是一种美,'错彩镂金、雕缋满眼'的美"。

美学史上,繁缛有其积极的正面价值。文学中"文以载道"的传统曾经长久地将文学束缚在政治伦理的框架下,魏晋文人开始充分意识到了不同文体应有自己的特质,诗文应该以追求美为其特点,曹丕在《典论·论文》中提出"诗赋欲丽",西晋陆机的《文赋》进一步提出"诗缘情而绮靡",强调的就是文采的美丽繁盛。繁缛与绮丽密切相关,繁缛往往会带出绮丽的风格,文辞铺排后就容易造成华丽富美的观感。这种从对"质"的单一强调走向对"文"或"采"的强调说明文学已进入到具有自我意识、自足意识的文的自觉的时代。宗白华先生还举过其他艺术的例子,他说,夏商周三代的青铜器多为整齐严肃、雕工细密之作,由此推知先秦的艺术当是错彩镂金型,其中一个叫"莲鹤方壶"的青铜器,全身均浓重奇诡之花纹。宗先生说艺术品应该同时包含思想性和艺术性,艺术的装饰性就体现了艺术中美的部分。

（二）繁缛与繁复的差异

"繁"是繁缛与繁复的共同点,数量上的多,密度上的大造成了审美对象形式上的繁,这是藏族艺术繁复与中国传统艺术繁缛的共同点,但二者有明显的差异。

一般来说,在中国传统艺术中我们提到代表繁缛的图案、文字、瓷器、服饰时,其背后就有一组与其对立的图案、文字、瓷器、服饰等存在,后者谓之简淡,与简淡相比,繁缛在价值上明显低了一等。繁缛虽代表中国美学中的一大类,但评价普遍不高,比如汉赋、齐梁文学。有学者认为刘勰提出包括繁缛在内的八种风格时并无明显褒贬之意,有学者认为他对前六体是肯定的,其中就包括繁缛,也有学者认为繁缛属于被贬抑的一体。参考刘勰在《文心雕龙》其他篇目中的论述,可以发现,刘勰对繁缛一体基本是持批评态度的。刘勰所反对的繁缛是指作家写作时内容上不用心剪裁,文辞上不注意"制繁",导致"属辞枝繁"之弊。《文心雕龙》中认为最能体现繁缛文风的作家是西晋的陆机,"士衡矜重,故情繁而辞隐","缀辞尤繁"。因为陆机特别重视字句锤炼,故人工雕琢痕迹较重,再加上他喜用色彩浓丽的词,更给人以精工富丽之感。六朝齐梁间的诗作"凡精虑造文,各竞新丽"(《文心雕龙·总术》),"情必极貌以写物,辞必穷力而追新"(《文心雕龙·明诗》),追求辞藻的美丽,多华艳绮靡、采丽竞繁之作,所以鲍照批评颜延之:"君诗如铺锦列绣,亦雕缋满眼。"繁缛太过就容易走向雕藻、绮艳。比如形式上追求排比、对偶、音韵和谐的美,内容上追求丰富、无一疏漏地列举,追求瑰丽的辞藻,确实可以造就一种令人心神荡漾的美感,但也容易产生堆砌、造作、轻薄、萎靡、淫艳的弊端,使文字停留在感官刺激的层面而缺乏深度。事实上,错彩镂金虽与初发芙蓉并列,但我们知道这种分类背后是含有价值高下评判的,初发芙蓉高于错彩镂金。同为瓷器,被归入"初发芙蓉"阵营的宋代瓷器因其淡雅、简约的风格被视作中国瓷器的最高典范,是归入"错彩镂金"的华丽土俗的明清瓷器无法比肩的。

中国传统文学艺术以平淡为最高境界自有道家和中国式禅宗为思想源头,也得力于"士"这一阶层的广泛崛起以及他们对文化话语权的牢牢把控。文人不同于一般大众之处,在于他们有强烈的自我表现的冲动,有独立的思想和人格,有独特的审美趣味。在文人阶层的影响下,中国的传统艺术完成了一系列的转换,文学从工整绮丽的工艺美术境界走向"绚烂之极归于平淡"的追求,书法从装饰性走向自然率真,绘画从色彩富丽的青绿山水到讲求韵味的水墨山水,器物审美用独特的造型性取代因袭的装饰性。于是,平淡的审美成为文化上层标榜自身独特性的标签,典型如绘画的南北宗之争,讲究技巧、笔法精工的画院画因为画家的出身而被置于文人画之下。繁缛的风格则被视作一般缺少艺术修养的普罗大众的最爱。

藏族艺术的审美体系中,全体藏民和他们浸淫其间的文化都由衷地拥抱了这种繁花似锦、穷极绮丽的格调。我们发现,从服饰、家具、房屋装饰等民间审美到宫殿、宗堡、大寺院等按照上层要求创制的审美产品无一例外地具有一种相近似的繁复风格。以唐卡为例,无论家户在经堂所悬挂的,还是上层贵族精心制作和收藏的藏品,以及汉族皇帝的赏赐物,唐卡制品的差异主要体现在制作工艺的精良与粗糙、制作材料的昂贵与廉价、绘制技法的高超与稚嫩上,审美趣味方面几乎没有差异,它们无不体现了繁复的特点。藏族社会的阶层区隔主要表现在对知识尤其是宗教知识的掌握方面,在审美方面上下两个阶层并无明显不同,对繁复的热爱几乎适用于全体社会成员,故而这种审美也不代表价值上的低下。

三、隐秀与隐秘

(一)中国美学中的含蓄、隐秀

中国传统美学贵曲不贵直,影响到具体的艺术门类也大多将含蓄、深沉、远奥等作为审美的重要风格与评价标准。"含蓄"一词在《辞海》中的解释是

"含有深意,藏而不露。"也即是说,艺术必须具备深刻内涵,且透过隐约、婉转地艺术手法传达出来。

1. 文学理论

关于含蓄的论述在文学理论中最为多见,即作文忌太直,而应讲求含蓄委婉才好。刘勰《文心雕龙》八体中的第二为"远奥",他说"远奥者,馥采典文,经理玄宗者也"。强调作文必须有法度,但写法上须讲究含蓄委婉,由于远奥的来源是玄学思想,故文意隐晦艰涩,曲折难懂。刘勰以汉赋大家扬雄为例,说"子云沈寂,故志隐而味深",扬雄的文风即是内容含蓄却又意味深长,他模拟《易经》所作《太玄》被人指责过深,他写了辩解性的文章《解难》,以"闳言崇义,幽微之涂"予以回答,也就是说当写作对象的美实在宏大、深邃时,不得不用艰奥、博大的文辞来书写,读者理解起来也许十分艰难,但却"势不得已也"。《文心雕龙》另有隐秀篇,刘勰解释隐秀时是将"隐"与"秀"二者拆开分别解释的,其中"隐"更近于"远奥",《文心雕龙·隐秀》说"隐也者,文外之重旨者也"①,"隐以复意为工"②,"夫隐之为体,义主文外,秘响傍通,伏采潜发,譬爻象之变互体,川渎之韫珠玉也。故互体变爻,而化成四象;珠玉潜水,而澜表方圆。始正而末奇,内明而外润,使玩之者无穷,味之者不厌矣"③。可见,与"远奥"的文义深远、晦涩难解相比,隐更强调于意在言外、秘响旁通。刘勰在《文心雕龙·明诗》中以"阮旨遥深"评论东晋文人阮籍诗,点明阮籍诗歌"隐"的特征。

旧题为唐代李峤的《评诗格》讲诗有十体,第七为婉转(宛转),"谓屈曲其词,婉转成句也"。不过《评诗格》中的许多论断只罗列出概念,未进行具体解

---

① 刘勰:《增订文心雕龙校注》中册,黄叔琳注,李详补注,杨明照校注拾遗,中华书局2000年版,第495页。

② 刘勰:《增订文心雕龙校注》中册,黄叔琳注,李详补注,杨明照校注拾遗,中华书局2000年版,第495页。

③ 刘勰:《增订文心雕龙校注》中册,黄叔琳注,李详补注,杨明照校注拾遗,中华书局2000年版,第495页。

释,作者所举诗例为隋炀帝杨广《春江花月夜》的颔联"流波将月去,潮水带星来",我们从这两句中并不容易品评出"屈曲其词,婉转成句"的感觉。

假托王昌龄的《诗格》说"诗有五趣向",其中第四为"幽深",举了谢灵运《石壁精舍还湖中作》首两句"昏旦变气候,山水含清辉"为例,谢诗这两句从黄昏时暝色聚合到清晨的浓雾渐次散开,时间横跨一天,从山光到水色,空间横向包举了自然的立体全景,加上一天之内气候冷暖多变,山光到水色景象的绚烂多姿,貌似平淡却蕴含丰富,给人留下无尽遐思逸想,简单两句确实体现了幽深的风格。

唐代诗僧皎然的《诗式》中第一次出现了含蓄一词,《诗式》用十九个字概括诗的风格,其中一体为"思","气多含蓄曰思"。《诗式·序》云:"夫诗者,众妙之华实,六经之菁英。虽非圣功,妙均于圣。彼天地日月,元化之渊奥,鬼神之微冥,精思一搜,万象不能藏其巧。"写诗作文须深思熟虑,万象之中尽藏精巧,"元化之渊奥,鬼神之微冥",天地自然本身的气象万千、深沉细微使表现它的文字也不得不尽力体现"精思"。《诗式》中还有所谓诗有四不、诗有四深等说法,多次讲到诗歌表达应含蓄,"诗有四不"说"有力劲而不露,露则伤于斤斧";"诗有四深"说"气象氤氲,由深于体势"。

晚唐司空图对含蓄做了更为详细和系统的阐发,《二十四诗品》中两个品目与此相关,第一是"含蓄",即"不着一字,尽得风流。语不涉己,若不堪忧。"大意不用文字明确地表达,就能传达出美妙的情致;不曾说如何苦难,却让人十分哀伤。第二是"委屈",即"似往已回,如幽匪藏"。意思是说似来又往曲折不尽,隐中有显委婉多样。在《与极浦书》中他又进一步提出了"象外之象、景外之景",这是对含蓄美最好的注解。

2.诗词

中国是诗的国度,从诗经、楚辞、汉晋六朝诗歌到唐诗、宋词、元曲一路发展,源源不断。诗歌以意境为高,意境需有情有景、情景交融。营造意境有多种方式,其中之一就是含蓄,情感隐藏在字里行间,让人可以慢慢品味。

北宋诗人梅尧臣说："状难写之景如在目前,含不尽之意见于言外,然后为至矣。"宋代女词人吴淑姬的《小重山·春愁》:"不如归去下帘钩,心儿小,难着许多愁。"借阑珊春意伤景怀人,笔调却隐约凄迷,春日时节不逢君,这漫天愁绪却转换成词人的一声慨叹,人心为何生得这样小,如何能装下那么多的愁?

李清照《声声慢》:"乍暖还寒时候,最难将息。三杯两盏淡酒,怎敌他、晚来风急?雁过也,正伤心,却是旧时相识。满地黄花堆积。憔悴损,如今有谁堪摘?"句句写景,但一切景语皆为情语,读者须细细品味才能体察到乍暖还寒、黄花堆积的萧瑟秋景背后蕴含着的是作者靖康难后遭遇国破、家亡、夫死的复杂又深沉的悲哀。叶燮在《原诗·内篇》中说:"诗之至处,妙在含蓄无限,思致微渺,其寄托在可言不可言之间,其指归在可解不可解之会,言在此而意在彼,"泯端倪而离形象,绝议论而穷思维,引人于冥漠恍惚之境,所以为至也。"①叶燮认为诗歌所创造的是审美意境,而非现实中的事、理、情,所以艺术创作的审美意象应当是"虚实相生,有无互立",要言此意彼,含而不露,把读者引入思考回味的境界。

3. 园林

与西方园林的空间、边界一目了然,空间序列段落分明,给人以秩序井然和清晰明确的印象不同,中国古典园林造园法中景与情、意与境、虚与实关系恰到好处,讲究含蓄、委婉,置身园内人们产生曲径通幽、不可穷尽、朦胧迷离的幻觉。

为达成含蓄、隐约的效果,古典园林造景采用许多方法,譬如借鉴山水画、古典诗词营造意境;譬如在园林入口处挡以假山、花木等抑景,先扬后抑,欲扬先抑;譬如以建筑和绿化掩映曲折的水岸以增加趣味;譬如或筑堤横断于水面,或隔水有廊可渡,或架曲折的石板小桥,以使水面有幽深之感,增加景深和空间层次;譬如通过围蔽和分隔空间,从视角上突破园林实体空间局限性,等

---

① 叶朗:《中国美学史大纲》,上海人民出版社 1985 年版,第 502 页。

等。种种方法使得中国园林小中见大,虚中有实,藏露结合,深浅有致,从而形成方寸之间大有天地,"虽由人作,宛自天开"的效果。

4. 书画

中国的绘画与书法密不可分,从源头来看,有所谓书画同源说,唐人张彦远《历代名画记》卷一:"颉有四目,仰观垂象。因俪鸟龟之迹,遂定书字之形。造化不能藏其秘,故天雨粟;灵怪不能遁其形,故鬼夜哭。是时也,书画同体而未分,象制肇创而犹略,无以传其意,故有书;无以见其形,故有画。"书法与绘画在后来的发展中也确实相互借鉴,比如书法抽象的线条、笔墨和构成形式就被中国画充分吸收、运用,例如东坡以行草笔法画枯树怪石,齐白石以大篆笔法入大写意,画花鸟、蔬果、鱼虫。书法史上也有怀素观江水夏云,书法的神韵和气势颇为长进的故事,虽不是直接师法绘画,却也是师法具有中国山水画意趣的自然造化。

中国书画有分品级的传统,比如南朝梁庾肩吾《书品》将汉到梁的 123 名书家分为上、中、下三品,每品又分为上、中、下三等,一共九品;南朝梁谢赫的《古画品录》把 27 位画家分为六品;唐代朱景玄《唐朝名画录》将唐代 124 位画家画中的 99 位分为四品。虽然品评的名称、标准不尽相同,但往往将绘画"长于写貌"、"妙于形似"(刘道醇《圣朝名画品》)的模仿技巧放在末流,而推崇"曲尽玄微"的高逸、神韵。这种逸与韵要求艺术家又超脱世俗的生命境界,"这样的作品,它的审美意象就包含有比较深的意蕴,即所谓'余意'、'真味'、'至味'、'深远无穷之味'"。书法也类似,含蓄美直接影响书法的格调,书法笔墨、线条间藏头护尾,不露锋芒,笔锋包藏在点画之中,力在内,不外泄,有一种内在的含蓄的审美意蕴。清代书家汪沄在《书法管见》中说"字分雅俗,全在含蓄"。

(二)隐秀与隐秘的差异

"隐"是含蓄、隐秀与隐秘的共同点,意在言外、意在象外造成了审美对象内涵的深沉与复杂,也造就了审美意涵的丰富性,这是藏族艺术隐秘与中国传统艺术隐秀的共同点。但二者也有一些差异,具体表现为:

1. 哲学基础不同

儒家和道家共同构筑了中华思想的底色。由于中国人对于言、象、意三者关系的基本看法受儒道思想的影响,三者中"意"是根本,"言"和"象"是通往"意"的桥梁,以文学为代表的"言"和以绘画、书法为代表的"象"具有模糊性、有限性和隐喻性,无法明确传达"意"。《易传》说"书不尽言,言不尽意"。艺术在表达上的多义性和暧昧性,决定了它必然是"隐"大于"显"。

具体来说,儒家对语言抱持了一种警惕,孔子说"巧言令色,鲜矣仁"(《论语·学而》);《论语》中有"天何言哉!四时行焉,百物生焉,天何言哉!"(《论语·阳货》)。孟子说"尽信书,则不如无书"。语言不可信,但形象的诠释空间显然比语言更进一步,因此在孔子为《周易》所作的《易传》中说"然则,圣人之意,其不可见乎? 子曰:'圣人立象以尽意,设卦以尽情伪,系辞焉以尽其言,变而通之以尽利,鼓之舞之以尽神。'"(《周易·系辞上》),似乎"言"不尽"意",但书法、绘画以及音乐舞蹈等艺术却可以让圣人之意变得可见。其实,"象"也不是纯粹的,以"象"为中心的艺术最能体现主体的参与性和创造性,所蕴藏的"意"的解释空间十分丰富,象与意之间具有一种永久的张力,这种张力使得王弼说"得意在忘象",象也是通达意的手段之一罢了。

道家追求的至高境界就是道的境界,《老子》的开篇即已说明"道可道,非常道"。真正的道是不可言说,异常神秘的。道是怎样的一种事物?"道之为物,惟恍惟惚。惚兮恍兮,其中有象,恍兮惚兮,其中有物。窈兮冥兮,其中有精。"(第21章)正因为道是一种在恍恍惚惚中看到却又无法言说的东西,所以承载道的艺术也表现出一种曲折隐晦的特点,《老子》第41章说"大音希声,大象无形"。庄子在探讨艺术形象的特征时,强调审美的自由境界也是语言难以直接传达的,他认为:"可以言论者,物之粗也;可以意致者,物之精也"(《庄子·秋水》),"言者所以在意,得意而忘言"(《庄子·外物》)。庄子认为语言传递的都是有限的、表面的,而最深刻、最本质的东西则不可传达,我们面对艺术对象时只有去慢慢体味、琢磨才能发现它隐藏的深意,品评出它丰富的美感。

藏族艺术的隐秘其哲学基础则来自佛教密宗,宗教要传达的是一种终极超越的境界,终极境界都是玄妙而难以言说的。而佛教密宗尤其充满神秘色彩,由于重视神通、神秘体验,所以藏密艺术中有大量曲折隐秘的象征符号。如何透过这类艺术把握宗教奥义呢?我们需要拨开层层表象,透视文字、符号、色彩、线条、音符背后的秘密,挖掘沉潜在底部的那些历史与文化源头,勾连它与周边族群、文化千丝万缕的关系。

如前所述,构成艺术的"言"与"象"的有限性使它与所要表达的终极境界("意")之间天然地不对等,在这个意义上,艺术似乎无法完全传达宗教的真理。那为什么艺术又会成为传递宗教奥义的主要方式呢?这是因为艺术具有多义性与暧昧性,特别能唤起主体的参与和建构意识,最富有意义的生成性。在艺术创作环节,同一个主题可以附着在多个对象上、可以以多样的方法去表达;艺术欣赏环节,欣赏者可以调动自己的全部感官,唤醒自己的全部经验,此时,它进入到绝对自由的境界,获得的审美体验也足够丰富。佛教的终极体验为体悟到真如实相、如来境界,艺术体验则让人超越功利,直击人心,这个意义上艺术与宗教相通了。

2. 审美效果不同

含蓄、隐秀所带来的审美效果必然是优美的。中国古典文学表达时普遍采用寄情于景、托物言志的手法,加上主体的情绪抒发始终保持"乐而不淫,哀而不伤"的中庸状态,使得情感委婉而有分寸。

隐秘带来的最直接的审美效果则是神秘。从字面来看,"神秘"之隐秘恰好来自"神",神与人、宗教境界与人生世界间的遥远距离造成了一道理解的鸿沟,我们倾尽全力试图去触碰那个完美的世界,在某些瞬间,我们似乎经验到了,我们的感官被打动,获得相当程度的沉醉与愉快,我的个体与神圣笼罩下的有情众生合为一体,我感觉我也找到完美了。但这种感觉又是一种隐约模糊的感觉,在面对一幅幅包含深刻宗教寓意的唐卡时,信徒透过神秘经验与佛同一,艺术欣赏者通过想象性的再创造与艺术对象同一,我们就这样获得了一种宁静与和谐的完美体验,甚至感受到幸福与意义。可是进一步看,构成宗教艺术的那些基本符码、色彩与形式于我们依然充满了未知的秘密。

四、"清丑"与"畏怖"

(一)中国美学中的"丑"

庄子学说中的丑中之美与中国美学中的"清丑"虽不能与藏族艺术的"畏怖"审美范畴完全对应,但仍具有一定的可比性。事实上,畏怖在性质上体现了藏族宗教艺术中的某种"审丑"的取向,只不过"丑"经由艺术的加持最终转化为神奇,具有了正面的艺术价值。

中国美学史上,庄子第一个谈到形体的丑可以因精神之美而被超越,并获得人们的爱慕与赞美。《德充符》中有"德有所长而形有所忘"之言,列举了大量奇丑或畸形之人由于具有"全德"反而比形体健全的人更为高大完美。《山木》中旅店老板有一美一恶二妾,但"恶者贵而美者贱"。从这里又进一步发展出一个对中国艺术的创作产生了极大影响的思想,即丑的艺术形象反而可以代表艺术中极高古、极纯粹的境界。

闻一多指出"文中之支离疏,画中之达摩,是中国艺术里最有特色的两个产品"[①]。支离疏是《庄子·人间世》中的人物,达摩则是中国人物画中因外形怪异丑陋而更有力地表现出内在精神的崇高和力量的代表形象,中国艺术最终发展出于丑中发掘出别样的美的一类特殊的审美。比如绘画中五代画家贯休、石恪所开创的罗汉形象,外形丑陋、夸张却蕴藏着内在的力量,深刻影响

---

① 《古典新义·庄子》,《闻一多全集》第二册,生活·读书·新知三联书店1982年版,第289页,转引自叶朗:《中国美学史大纲》,上海人民出版社1985年版,第129页。

了之后的罗汉、禅师主题绘画；书法中的用笔怪异、结体拙丑的"丑书"；园林中选用于叠山的奇石，要选择"有嵌空、穿眼、婉转、险怪势"①的石头，即石头上要遍布孔眼，呈现所谓"瘦、皱、漏、透"的美感；对梅花的欣赏"以曲为美，直则无姿；以欹为美，正则无景；以疏为美，密则无态"（龚自珍《病梅馆记》）。中国树木盆景造型要领在于多年老桩，枝干虬曲，提根露爪；诗歌创作不避丑朴，对"枯藤老树昏鸦"一类的枯瘦意象的着意描绘，"诗不假修饰，任其丑朴。但风韵正，天真全，即名上等"（皎然《诗式》）。这种审美观影响下塑造的作品被称为"清丑"。

中国艺术的"清丑"审美其表现除了"丑"还有"奇"，是人类艺术创造求新求奇的反映。《文心雕龙》"八体"中有"新奇"一体，"新奇者，摈古竟今，危侧趣诡者也"。皎然《诗式》"取境"说"取境之时，须至难、至险，始见奇句"。文学史上以奇崛风格著称的韩愈其诗风的形成就在于他一心要意避开前人已有风格，独辟蹊径。赵翼《瓯北诗话》中说"韩昌黎生平的心慕力追者，唯李杜二公。顾李杜之前，未有李杜，故二公才气横恣，各开生面，遂独有千古。至昌黎时，李杜已在前，纵极力变化，终不能再辟一径，唯少陵奇险处尚有可推扩，故一眼觑定，欲从此劈山开道，自成一家，此昌黎之注意所在也"②。韩诗通篇立意峭拔，用语奇崛，意象上不乏夸张怪诞。实际上，韩愈所处的中唐包括孟郊、贾岛、李贺在内的诗人，其诗歌都在精思苦吟、追求险奇艰涩的艺术效果，这大概反映了盛唐中国诗歌的超高水平对后继诗人们产生的影响的焦虑。文学现象只是艺术求新求奇的一类代表，在其他艺术门类中，丑有时能一跃成为主角也是基于类似的原因。

实际上，中国古代艺术中真正与藏族畏怖型艺术心灵相通的是上古原始宗教器物及文化遗存中的部分造型艺术。藏族畏怖型艺术恐怖感的来源在于艺术形象的可畏可怖，其命名也源于此。可畏、恐怖的艺术形象在中国传统艺

---

① 计成：《园冶》，江苏凤凰文艺出版社 2015 年版，第 300 页。
② 赵翼：《瓯北诗话》，人民文学出版社 1988 年版，第 28 页。

术中并不多见,比较相近的就是上古的造型艺术,李泽厚先生认为以饕餮为代表的青铜器纹饰凸显出一种狞厉之美。[①] 这些纹饰多为一些动物造型,但却不是现实中真实存在的动物,它们中有"吃人"的饕餮,有与饕餮纠缠在一起的夔龙夔凤,有兽(人?)面大钺,有神秘的夜的使者——鸱枭,有人面鼎,它们是对异族恐吓的符号,又是对本族保护的神力。李泽厚先生认为青铜时代的艺术代表了那个动辄杀戮千百奴隶的历史时代的精神,是一种超人的历史力量与原始宗教神秘观念结合的产物。当中国的文明进入更为平和、理性的时期,那些"张牙舞爪的各类人、神造型或动物形象,尽管如何夸耀威吓恐惧,却徒然只显其空虚可笑而已。它们没有青铜艺术的这种历史必然的命运力量和人类早期的童年气质"[②]。也就说,中原文化的审美随着早熟的华夏民族迅速告别童年进入成年期,真正具有畏怖审美效果的艺术也就终结了。

(二)清丑与畏怖的差异

清丑与畏怖都钟情于形式感,形式上的夸张和怪诞,放大和凸显对象具有的代表性特征是二者的共性,二者的差异体现如下。

1. 文人趣味与民间趣味

何为清丑之清? 清即体现为某种文人的雅趣,中国文人因对"拙"情有独钟,努力追逐丑中所蕴含的生命力,丑也就变得雅致,勃然有生气起来。

拙是一种高妙的艺术境界,《老子》中说"大巧若拙"(第45章),真正好的东西无须借由外力造就,在自然中已被塑造完成,所以显得笨拙。中国是诗的国度,诗人中最一流的杜甫就因诗有拙趣而备受推崇,杜诗常写丑的事物和景象,常使用"老"、"丑"一类的字眼。中国绘画分匠体和士体,匠体追求技法上的突破,士体则极力抬高气、韵、格等在绘画中的价值。由于文人控制了评价标准,画作一旦被归入匠体,技法复杂、内容逼真等特征反而被贴上不懂拙趣

---

① 李泽厚:《美的历程》,中国社会科学出版社1989年版,第31—38页。
② 李泽厚:《美的历程》,中国社会科学出版社1989年版,第38页。

的标签。对丑书、怪石、病梅的青睐也是文人趣味的反应,普通欣赏者对此类美往往并不认同,文人则用生花妙笔为此类审美张目。

藏族艺术的创作者大多可以归入匠人一系,虽然发展最为充分的唐卡绘画最终形成了以某些画家为中心的流派,但总体来看,唐卡还是一门技高于艺的艺术样式,对传统的尊崇,按照标准的度量、固定的程式、前人的规范依然是创作要遵循的最主要原则。我们也不可忘记,大部分的这类作品应该是专事生产宗教用品的作坊的产品,画作不是最终流向文人官僚的书房,不是成为富裕阶层的收藏,而是进入广大信众的经堂、账房,以及密布藏区大大小小的寺院。作为创作者的手艺人和画师本身受教育程度有限,创作的目标对象也是受教育程度普遍不高的信徒,因而其作品必然无法摆脱民间趣味。除了宗教义理的考量,普通信众的趣味往往关注各种恐怖而苦痛的场景,关注戏剧化,也热衷于细节的高度写实。

2. 催生力量与毁灭力量

如前所述,清丑背后往往蕴含着巨大的力量,庄子笔下那些奇丑的人物却成为妇人们争相爱慕的对象,成为国君想倚赖的重臣。国画中的枯山瘦石、盆景中的枯木老桩反而让人看到一种羸弱中蕴含的生机,生发出生命如此顽强的感慨。所以,清丑蕴含着无限的力量,我们看这类作品绝不会因对象的丑陋、羸弱、纤细而变得日渐消沉、压抑,反而透过这些艺术形象获得了持续的力量,让人振作起来。

畏怖型艺术则相反,那些制作成宗教器物或绘制在唐卡中的断肢残骸、骷髅骨架、内脏鲜血,那些充满了怪诞色彩、畸形组合的超现实的物类,令我们畏惧、恶心,让我们联想到死亡在世界上投下的无处不在的巨大阴影,它摧毁我们抗争的意志,让我们选择臣服命运,我们益发觉察到自我的渺小,只好把自我完全交给我们无力抗争的命运,交给眼前有无穷力量的神佛。这当中其实有曲解,藏传佛教借助这些令人畏惧、恐怖的艺术对象真正想要表现的不是恐吓,而恰相反,它是借象征手法表达一系列的正向的诉求,和贪欲作斗争的力量,破除幻境的知识,可以让人见识到真相的聪慧,洗清深重罪孽的悲悯之心,等等。它希望让信徒看清表象,领会背后的意图,即每一个人可以靠着佛教的纯真智慧、正见和心灵的力量这些正向价值领会佛法之真谛。可是,直面这类艺术自然的反应就是激起恐惧的情绪,这体现了艺术强大而直接的感染力。

第四章　藏族艺术审美类型的
自然与人文环境分析

　　审美类型的生成倚赖独特的自然、人文环境,这一部分将从两个方面展开讨论。一是自然环境与审美类型的关系,分析青藏高原宏阔的地理环境,处在南亚、中亚与东亚文化与交通十字路口的重要交通状况,特有的气候条件及藏族恢宏壮阔的审美观与审美类型形成的关系。二是人文环境与审美类型的关系,包括:(1)宗教对审美类型的影响,宗教经验在藏族审美文化形成与发展中有至关重要的地位和作用,最终形成藏族宗教哲学与美学的实践和心理基础;(2)民族文化心理对审美类型的影响,藏族的民族性格、集体情感使艺术成为其文化心理的对应物。

第一节　自然环境与审美类型的关系

　　自然环境是环绕人们周围的各种自然因素的总和,如大气、水、植物、动物、土壤、岩石矿物、太阳辐射等,是生物赖以生存的物质基础。包括人在内的生物与环境之间的关系与状态形成了自然生态。在自然生态圈里,自然环境对人产生多重影响,环境会决定人的生计方式,农耕、渔猎、游牧还是商业;环境会决定聚落的规模,平原坝子聚落规模较大,山区河谷聚落规模较小,海拔太高,降水量太低等则无法形成有效的聚落;不同规模的人群聚落进而形成相应类型的社会组织。环境对人的影响多是显性的,但如果进一步追问,自然环境会决定人类社会更深层的精神方面例如艺术和审美吗? 其间的关联似乎就没有那么明显了。

一、环境与审美

自然环境与审美有无相关性,这是一个尚存争议的问题。

我们的答案肯定的。

魏晋时期中国山水画兴起,实际上与晋室东渡,南方更为秀丽的山水触动了在乱世中逃避朝堂、隐逸山水的名士阶层的审美情感有直接关系。时局动荡,世事难料,忘情于山水并借山水诗、山水画宣泄和抒发情感成为罹祸于乱世里的贵族士子的一种新的安慰。从早期邺下文人集团的游山水到西晋年间的驻山水,南方秀丽的自然风光成为重要的现实存在和艺术存在。《世说新语》里记载了太多与自然有关的画面,以下几段都出自《言语》门:

> 顾长康从会稽还,人问山川之美,顾云:"千岩竞秀,万壑争流,草木蒙笼其上,若云兴霞蔚。"

> 简文入华林园,顾谓左右曰:"会心处不必在远,翳然林木,便自有濠濮间想也,觉鸟兽禽鱼,自来亲人。"

> 王武子、孙子荆各言其土地、人物之美,王云:"其地坦而平,其水淡而清,其人廉且贞。"孙云:"其山崒巍以嵯峨,其水㳠渫而扬波,其人磊砢而英多"

> 王子敬云:"从山阴道上行,山川自相映发,使人应接不暇。若秋冬之际,犹难为怀。"

> 郭景纯诗云,"林物静树,川无停流。"阮孚云:"泓峥萧瑟,实不可言。每读此文,辄觉神超形越。"

> ······

魏晋重玄谈，玄谈讲求谈言微中的方式，寥寥数语，切中要害。宗白华先生说顾恺之评价会稽山川之美的话语正是后来五代四大家荆浩、关仝、董源、巨然等山水画境界的绝妙写照。简文帝在华林园的感慨又是元人山水花鸟小幅，黄大痴（黄公望）、倪云林（倪瓒）、钱舜举（钱选）、王若水的画境。① 也就是说，正因为中国有这样的"质而有趣灵"（宗炳）的山水才成就了"山川自相映发，使人应接不暇"的山水画境界，中国画家笔下的山水就是中国南方、北方的山水。

19 世纪的法国艺术理论家丹纳笃信艺术与环境休戚相关，艺术的面貌取决于种族、环境和时代三大因素。他在《艺术哲学》中说由于希腊没有巨大的高山、河流、森林，一切都大小适中、恰如其分，所以他们的神庙大多是中型或小型的，线条极其简单，建筑的前面列柱成行的廊庑都是简洁的几何形式，毫无古怪、复杂、繁琐的东西。土地和气候也参与铸造了希腊人的艺术，由于气候干燥，植被覆盖率低，土地的矿物面暴露在地面成为巉岩。阳光灿烂，空气异常纯净使事物的轮廓愈加突出，尤其是雅典一带的天空明净无比，使得希腊的艺术肯定而明确，就像瓶画上的人物，轮廓清楚地突出在背景之上。②

环境与绘画的关系最为直接，尼德兰绘画的特点是色彩的美妙与细腻，这源于佛兰德斯与荷兰是一个潮湿的三角洲，这里的自然界使人对色彩特别敏感。

> 在干燥的地区，线条占主要地位，首先引人注意；山脉以豪迈雄伟的气派在天空堆起一层层的琼楼玉宇，所有的东西在明净的空气棱角鲜明。在尼德兰，地平线上一无足观，空中永远飘着一层迷濛的水汽，东西的轮廓软化，经过晕染，显得模糊；在自然界中占主要地位的一块一块的体积。一条吃草的牛，草坪上的一个屋顶，靠在栏杆上

---

① 宗白华：《美学散步》，上海人民出版社 1981 年版，第 210 页。
② ［法］丹纳：《艺术哲学》，傅雷译，江苏人民出版社 2017 年版，第 194—195 页。

的一个人,都像许多色调中的一个色调①

　　天空的现象非常丰富,流动,能使地面上的色调互相配合,生出变化,显出作用,那当然能养出一批长于著色的画家了。这儿和威尼斯一样,艺术追随着自然界,艺术家的手不由自主地听从眼睛的感觉支配。②

在西方,认为地理环境、自然条件会对人类社会起决定作用的地理环境决定论一度在哲学、社会学、历史学、地理学等研究中占据重要的位置。从古希腊的柏拉图、亚里士多德,16世纪初期法国的社会学家博丹,18世纪法国启蒙主义哲学家孟德斯鸠、文学评论家圣伯夫到19世纪德国人文地理学家拉采尔等,环境决定论者积极探索影响人类社会发展的因素,他们看到了地理、气候等自然条件对人类社会尤其是早期社会的决定性作用。不过,他们过分夸大了环境的影响力,所以,才有了之后适应论、生态论、文化景观论等各种理论对环境决定论的修正。我们应该看到环境塑造人类社会的经济形态、民族性格、文化风貌的作用,也要看到人类会在自身努力下发挥主观能动性创造出适应环境的独特的文化形态,二者间无论是前者塑造后者还是后者去适应前者,相互的互动与迁就使得每个人群的文化形态中就包含了该地区人们与环境同形同构的审美心理和审美类型。

二、青藏高原的自然环境

中国的藏区包括西藏自治区全境和青海、四川西部、甘肃南部、云南西北部横断山脉以西的广大地区,全部分布在青藏高原及其边缘,约占中国版图的1/4。因此,讨论影响藏族艺术的自然生态环境,问题也就转化为讨论青藏高原的自然生态。在自然环境包含的多重内容中,我们选择地理、交通③和气候

---

① [法]丹纳:《艺术哲学》,傅雷译,江苏人民出版社2017年版,第132页。
② [法]丹纳:《艺术哲学》,傅雷译,江苏人民出版社2017年版,第134页。
③ 这里的交通不是指今日由人力建设而成的连通不同地区的运输行业,而是指早期由地理条件自然形成的往来路线,它更多受制于地理而非技术、人文。

三大要素来分析他们对生活在高原上的藏族人群的艺术及审美的影响。

（一）地理

跨北纬 26°—39°47′、东经 73°19′—104°47′的青藏高原,是世界上海拔最高高原,也是世界上最年轻的高原,被称为"世界屋脊"、地球"第三极"。青藏高原的北部横亘着昆仑山、阿尔金山和祁连山,南及西南环绕着世界上海拔最高的喜马拉雅山脉,西部为喀喇昆仑山和帕米尔高原,东部是高山与峡谷交错的横断山脉。四面急速抬升、隆起的高山和断裂带将青藏高原围成一个巨大封闭的独立地理单元。高原东西长约 2800 千米,南北宽约 300—1500千米。

青藏高原的海拔大多在 3500 米以上,从南向北横亘着喜马拉雅山脉、念青唐古拉山、冈底斯山、唐古拉山脉、喀喇昆仑山脉、昆仑山脉、祁连山脉、阿尔金山脉,这些山脉呈东西走向,海拔都在 5500 米以上,最高的一些山脉超过了8000 米。这些世界级的高山群和高山侧翼完美的垂直地带谱构成了高原地形的庞大骨架。终年覆盖冰雪的高大山脉让藏族人民心生敬畏,形成了藏族的神山崇拜文化。常年高耸入云,难得一睹真容的雪峰成为培育神话故事的绝妙温床,也培育出藏民对高大宏壮的事物与现象情有独钟的审美倾向。

青藏高原也是亚洲一系列大河的发源地,中华民族的摇篮,亚洲第一、第二大河长江、黄河源于此;国际性的河流澜沧江—湄公河穿西藏、云南,流经缅甸、老挝、泰国、柬埔寨、越南注入南中国海;发源于阿里的象泉河、狮泉河汇入印度河;发源于唐古拉山南麓的怒江—萨尔温江经云南入缅甸注入印度洋安达曼海;雅鲁藏布江流入印度后成为布拉马普特河。青藏高原终年积雪的山峰使它成为世界最大的天然"固体水库",高原也是世界上冰川集中分布地区之一,现代冰川面积占全国冰川面积的 80%,冰川、积雪融水孕育了条条大江大河,源源不断地滋养着亚洲的高原、平原和山地。

青藏高原上还密布着 1500 多个大大小小的湖泊,是中国湖泊最为密集的地区。据最新的遥感监测数据显示,湖泊面积达 3.69 万平方千米,占我国湖泊总面积的 52%,①湖泊水资源储量占全国的 70%以上。② 按照地质板块构造学说,青藏高原的形成是距今 1 亿年前的白垩纪中期,向北漂移的印度洋板块俯冲插入欧亚板块前缘的下面,导致岩层发生碰撞、弯曲、破裂和隆起。碰撞中形成许多断裂带,加之在冰川的侵蚀作用下形成冰蚀洼地,雪山与冰川融水汇集注入,形成了星罗棋布的湖泊,著名的有青海湖、纳木错、羊卓雍措、玛旁雍措、班公湖等。这些湖泊水质清澈,观看者在不同季节站在不同角度可以看见湖水的颜色或湛蓝或碧绿,散发出十足的魅力。青藏高原的湖泊之所以如此美丽是因为它们中的大多数是只有流入没有流出的内陆湖,由于湖水携带着盐分不断注入,阳光将水蒸发,导致湖水中盐的含量越来越高,湖中盐的结晶在光的折射下往往会形成色彩斑斓的景象。其中一些湖被信徒看作圣湖,比如佛祖释迦摩尼"身"之圣地的纳木错;中国透明度最大的湖,被佛教徒、苯教徒、印度教徒都看作"世界中心"的玛旁雍错;藏区女护法神多杰盖吉佐的驻锡地和龙女化身的羊卓雍措;等等。

　　清澈湛蓝的天空、巍峨连绵的高山、壮观圣洁的冰川、澄澈明净的湖泊、草地上成群的牛羊、宏阔的地理环境,高原上的一切都是大尺寸的。杜甫有诗句"会当凌绝顶,一览众山小",青藏高原作为中国从内陆向海洋延伸的四大地形台阶的至高点,本身就具有这样的气势。这里的人们目之所见要么是深藏云端让人难睹真容的大山,要么是绵延空旷的荒原,要么是雄伟壮观的峡谷,自然在这里真正展示了"天地有大美而不言"的气质,在无限永恒、生生不息的自然的观照下,个体生命都显得微不足道了,人们看待外界眼光的也会被训练成以宏阔、雄壮、博大为标准,具有崇高感的自然成为藏民族的审美范本。于是建筑无论寺院建筑还是民居建筑都是高大雄壮的;服装无论牧区还是农区,肥腰、长袖、大襟是通行的基本样式;歌舞无论民间的"堆协"(踢踏舞)、

①　中国西藏新闻网:http://www.Zchinatibetnews.com/xw/201507/t20150722_709297.html。
②　马志飞:《读懂青藏高原的湖泊》,《中国科学报》2018 年 2 月 23 日。

"果协"（锅庄）、"囊玛"，还是寺院的神舞"羌姆"都雄健而豪放。

（二）交通

严酷的自然条件和相对封闭的地理环境使青藏高原被看作一个与世隔绝的高原，与外界绝少交通联系。正因其如此，环境对文化的影响也越显得突出。青藏高原四周被高山环抱，南面及西南面是全长 2450 千米的喜马拉雅山脉，作为世界上海拔最高，有 110 多座山峰超过 7350 米的高大山脉，喜马拉雅成为东亚大陆与南亚次大陆和中亚的天然分界。东缘的横断山脉群，高山峡谷纵横切割，南北走向的横断七脉使地势相对较低的高原东南缘的交通也变得异常艰辛。高原北面是 60 多万平方千米的无人区，因空气稀薄成为生命的禁区，也是一道横亘在高原和中国西北内陆地区的天然屏障。传统中国视角中，青藏高原偏于中国西部、西南部一隅，无论地理还是文化均属边缘，但当我们调整视角，以整个亚洲为观看的出发点，便会发现青藏高原处于亚洲腹心地带。其北方、东方连着新疆、青海、四川、云南而成为东亚、东北亚世界的一部分，其南翻越喜马拉雅与缅甸、印度、不丹、尼泊尔相邻，西边是印度、巴基斯坦、阿富汗、塔吉克斯坦、吉尔吉斯斯坦，因而是处在亚洲中心地带文化与交通的十字路口。虽然这个路口因为海拔奇高、空气稀薄而显得不够热闹，但我们发现青藏高原自古就有多条道路连接着外面的世界，历史上也成为多种文化往来交汇之所。其中通往境外的有北、西两条线路，通往内地的则有四条路线。这些线路分别是：

境外

（1）北线：西藏→新疆于阗→克什米尔→印度→欧洲

（2）西线：西藏→尼泊尔→印度→欧洲（从史料上看，西线通行率远远高于北线）

境内

（1）新藏线：西藏→新疆

（2）青藏线:西藏→青海→内地

（3）川藏线:西藏→四川→内地

（4）滇藏线:西藏→云南→内地

多条连通外界的道路使它与外部世界间有了充分的文化交流,其艺术和审美也深深打上了中国内地和周边国家的烙印。考古材料证明,这些远古交通线很早就已经发挥了作用。距今5000年前后,西藏已经与中原黄河上游地区、喜马拉雅周边地区有交往,昌都卡若遗址与拉萨曲贡遗址出土的玉器与黄河上游甘青地区新石器文化之间有密切联系,中国史前玉器文化发展趋向是自北向南和自东向西逐步发展的,西藏先民对玉的认知与利用很有可能受到了黄河上游甘青地区观念和技术上的影响,而这种影响最远扩展到与西藏西部紧邻的斯瓦特河谷地带。① 麦类作物最早出现在西亚地区,青稞(大麦的一种)是藏族的主要食物,雅鲁藏布江流域的青稞很可能是经黄河上游地区或经巴基斯坦和北印度地区辗转传入的。② 高原各部族之间的战争、兼并和融合使得早期金属器得以广泛传播,曲贡遗址出土的带柄铜镜其艺术风格与来源有三种学术观点,源于南亚(印度)说,源于中亚说(从中亚到新疆到西藏)和源于汉镜(受滇文化影响较大);③阿里札达县格林塘墓地出土的双圆饼首青铜短剑与北方草原地带的游牧文化和中国西南山地早期铁器有密切联系;④西藏西部和中部地区出土的一批早期的黄金装饰品、动物形牌饰以及黄金面罩或许是从以匈奴、鲜卑为代表的北方草原民族处传来,黄金面罩可能还

---

① 霍巍:《从考古发现看西藏史前的交通与贸易》,《中国藏学》2013年第2期。

② 霍巍、王煜、吕红亮:《考古发现与西藏文明史》(第一卷:史前时代),科学出版社2015年版,第132页。

③ 霍巍、王煜、吕红亮:《考古发现与西藏文明史》(第一卷:史前时代),科学出版社2015年版,第227—228页。

④ 霍巍、王煜、吕红亮:《考古发现与西藏文明史》(第一卷:史前时代),科学出版社2015年版,第228—229页。

与整个西喜马拉雅地区的葬俗相关;①西藏阿里出土的公元 3 世纪或 4 世纪初的带有"王侯"铭文和复杂鸟兽图案的丝绸是汉藏早期交通和文化交流强有力的物证。②

　　文物鉴定专家金申以另一个典型的案例③证明了古代交通对塑造藏族审美的巨大影响,他以流动性较大的单尊金铜佛像为例梳理了西藏及其周边共七个地区的佛教造像系统,包括巴基斯坦印度河上游支流溪谷地区的斯瓦特造像,西喜马拉雅地区的克什米尔造像、喜马拉雅山中段南麓的尼泊尔造像,中世纪印度佛教的最后阵地、地处印度东北隅的波罗王朝的东印度造像,藏西、藏中、藏东、藏传佛教流布区的西藏造像,漠南漠北两大系统的蒙古造像,明清两代具有藏式风格的汉区造像,发现它们具有很多的共同特质,可以归入一个叫作藏传佛教风格造像系统的体系中。由于地理、交通和宗教的原因,西藏佛像与四周毗邻各地区产生了千丝万缕的联系,单尊的金铜小佛像本身就易流动,历史上又有尼泊尔人、藏族人和汉族工匠四处流动、传授技艺,因此使各地制作的佛像在自身鲜明特色的基础上又受到外来因素的影响,所以透过一尊小金铜佛像,也能体味出它以某种风格为骨架又杂糅有其他风格的造像特点,最主要的是我们可以从中看出古代交通在塑造民族审美特质方面所起到的巨大作用。

(三)气候

　　青藏高原西北高、东南低,决定了高原不同区域的气候具有差异性,不过总体来看,由于海拔高、身处内陆、地势相对封闭等特点,气候大多高寒干燥、多大风冰雪,因为气候与环境的严酷,因而对人类文化的影响更为明显。比如

---

　　①　霍巍、王煜、吕红亮:《考古发现与西藏文明史》(第一卷:史前时代),科学出版社 2015 年版,第 230—237 页。
　　②　霍巍:《从考古发现看西藏史前的交通与贸易》,《中国藏学》2013 年第 2 期。
　　③　金申:《藏传佛教造像的流派与样式》(上、中、下),《收藏家》2002 年第 4、5、6 期。

高原的建筑无论是石碉房还是土碉房都有厚厚的墙,一方面可以增加保暖的效能,另一方面也能较好地抵御风雪。

青藏高原日照充足,拉萨被称为"日光城",一系列的原因使得这里成为中国日照最强的地区。首先这里海拔最高,稀薄的空气对太阳辐射削弱少;其次,由于四周高山环绕,来自印度洋的水汽难以到达,所以晴朗少云对太阳辐射的削弱也少;另外,空气非常洁净,几乎无杂质,大气透明度好,阳光在大气层中被吸收、散射的量也就特别少,阳光更易穿透大气层到达地面。在青藏高原,强光的照耀,空气的透亮,使得地面上的景观也都呈现为高饱和度的色彩。受自然的影响,这里的人们在颜色的喜好上倾向于同样高饱和度的颜色,我们常常看见蓝天白云下蓝白红绿黄五色经幡飘扬,寺院建筑赭红色的墙体上是金色的顶,寺院的辩经场上活跃着身着红色或黄色僧袍的喇嘛们,藏族服饰的镶边也以颜色艳丽、醒目为美,佩戴的珠宝多是红的珊瑚、绿的松耳石、黄的玛瑙。我们发现,许多热爱浓烈之美的民族在气候条件上具有一定共性,天气干燥晴好、日照充分似乎是一个重要条件,强烈日光照射下的物往往呈现出高饱和的色彩状态,非洲高原上人们的服饰审美趣味趋向鲜艳的色彩似可为一例。空气明净透亮的希腊其建筑多是高度纯粹的蓝、白两色似是另一例。与此相反的是中国传统形成的简淡审美与湿度较大的气候不无关系,湿度大容易形成烟雨迷蒙的景色,在雾气的笼罩下景色呈现为较为柔和的低饱和度状态,色彩更为温婉柔和,淡雅疏朗。

地理环境加上气候风物长期作用于一地域的人们,他们浸淫于或明朗、有力、斩钉截铁或朦胧、轻盈,柔媚无骨的形象中,体验的节律或是大起大落的紧张或是行云流水的舒缓,看见的色彩或是鲜艳纯粹或是柔和婉约,触碰的形状或是刚硬坚实或是浑圆无棱,都会塑造当地人民的文化审美心理图式。按照"内模仿说"的理论,人生活生存在一方地理环境和气候条件下,日日在其间体验,不知不觉就会"内模仿",生根发芽,内化为自身固有观念,最终成为生活在同样情境下的一群人共同的观念,由内而外,外显为一种理性的艺术观、审美观。在创作时,艺术家在此观念指引下将具有某方面特征的代表性景象反复强化,一些形式成为典型符号,创作按照这套"符号"去发现、构思和表达,于是某地的艺术风格便与自然环境的特征有了相关性。

第二节　青藏高原的人文环境

"人文"一词与自然相对,是指人类社会的各种文化现象。人文环境则是在一定社会系统内具有文化变量的社会人群共同体的信仰系统、认知方式、共同观念等,尤其集中于精神领域,包括共同的哲学、宗教、文学、艺术、审美、历史等,它历经不断累积而构筑起了社会群体的无形环境和共同的民族心理。对于影响青藏高原人们艺术的人文环境我们主要从宗教和民族心理两个方面谈起。

一、宗教

藏族社会是一个全民信教的社会,宗教对藏族艺术和审美的巨大影响毋庸置疑。宗教首先为藏族艺术贡献了大量的主题,我们看藏族的雕像、壁画、唐卡、石刻中无不围绕宗教的主题展开,以至让人产生藏族艺术等于藏族宗教艺术的错觉;其次,宗教还为藏族艺术开拓了表达的空间,藏族的个人和群体生活里宗教无处不在,于是宗教得以展开的空间贯穿于从个人到家庭、从村落和牧场等小型社区到区域性群体、从整个藏区到具有共同藏传佛教信仰的人群,各种仪式、场所、节庆都制造了大量艺术需求的空间,所需艺术的形式也是五花八门,包括图像、声音、器物、表演,等等;最后,宗教尤其是密宗金刚乘信奉秘密传承意识,借助各种形式的瑜伽术、灵魂的沉醉和上师与弟子间理论传承和受任圣职仪式(灌顶)营造了一种神秘的心醉神迷的氛围,这种氛围也就成为藏族宗教艺术的一种基本氛围,欣赏者面对藏族艺术时觉得神秘,觉得在艺术"语言"之外另有一番深意,在这个意义上可以说,宗教塑造了藏族艺术的风格。

　　一般认为藏族社会中佛教占据主导，不过历史上影响藏族社会的宗教不仅仅是佛教，还有西藏本土的苯教和其他民间宗教，藏传佛教最具代表性的密宗金刚乘中也蕴含着大量印度教的内容，这些在藏族艺术中都有反映。

（一）苯教与民间宗教

　　苯教指吐蕃的巫教，佛教传入西藏前，西藏人已有了一整套用来应付诸如丧葬、救治等日常需要的宗教仪轨，和以动物献祭、念咒为特点的宗教程序，这就是苯教。佛教传来后，尽管它受到了佛教的全部影响，但仍然顽强地延存了下来，并从佛教中获得了许多的思想和启示。而西藏的佛教也因吸收了苯教的许多神灵和仪轨，成为各佛教传承系统中独特的一支。苯教产生的地域，有人说是波斯，持此说的有18世纪藏族学者夏察·扎西坚赞和德国藏学家霍夫曼；有人说是古代象雄，《土观宗派源流》、《西藏王统记》、《白琉璃》和五世达赖喇嘛所著的《西藏王臣记》等均持此说。在上述几本书中，不约而同地出现了一个人名——辛饶米且沃，这是传说中苯教的祖师，众巫中最大的巫者。《白琉璃》以类似偈语的方式叙述道："为化象雄本，变现辛饶身，示十二本行，说九乘教法，为生开天门，为亡断死门，度生雍仲道。"

　　苯教曾经历过一个漫长的发展过程，它被分为笃苯、恰苯、觉苯三个阶段。笃苯是西藏本土自然而兴的原始苯教，可能开始于聂赤赞普以前，传说聂赤赞普从天梯降生人间时，藏区就已经有了苯教，因为"聂赤"（意为肩座王）之名，就是因12位苯教徒将其抬在肩上奉他为王而得名的。恰苯指由外地传入的苯教，即通常所谓的雍仲苯教。止贡赞普时代，从象雄（或波斯）名辛饶米且沃的大师传雍仲苯教入藏地，苯教逐渐有了教义、正式仪轨和宗教组织。笃苯和恰苯，共同成就了后来史家所称的"凡二十六代均以苯教治理王政"的局面。觉苯是指佛教传入后，苯教开始努力披上过去所缺乏的教理的外衣，改变某些仪轨，甚至抄袭佛教经典，借鉴佛经的分类法与分成《甘珠尔》（其中包括辛饶神谕）和《丹珠尔》两大经文集的做法，其目的是为了要面对无疑要强大的佛教教理结构而获得一种竞争力。

一些藏学家比如图齐和内贝斯基注意到藏族在学理化的苯教和佛教之外还存在一种广泛的民间宗教，前者存在于佛教和苯教的寺院中，后者则存在于每户人家的经堂里，家户或村落、社区举行的私人和公共仪式上，以及信徒念诵六字真言、转经、转山等身体化的宗教实践中。庙宇宗教与民间宗教的差异可以借用美国人类学家罗伯特·雷德菲尔德所说的大小传统的理论，雷德菲尔德认为在复杂社会中存在的两个不同文化层次的传统，大传统是指以城市为中心，社会中少数上层人士、知识分子所代表的文化；小传统是指在农村中多数农民所代表的文化。在这一分析框架中，藏族社会中大传统对应的是藏族佛苯僧侣等知识阶层所掌握的关于宗教、逻辑、工巧、医学、天文、仪式等方面的知识，小传统则是民间的文化。两个传统形成了两套不同的神灵系统。

苯教和民间宗教对藏族艺术的贡献首先在于它们为藏族艺术增添了佛教之外极为丰富的神灵，使藏族艺术的万神殿变得异彩纷呈。苯教将宇宙分为三层，上为神界，神界又可分为十三层，居住着各种不同的神祇；中间为年（念）界，相当于人间世界；下为龙（鲁）界，是各种水系生物生活的世界，主要在大地底下，或者也可以出现在人间的湖泊、池塘、灌木、树荫下。三界布满了形形色色出世间或世间的神、魔、精灵。民间宗教一方面虔诚地崇奉佛苯万神殿中的神灵，另一方面也祭拜自己生活区域内家宅、山、河的神灵，安抚周边世界的精灵、凶神、罗刹等。苯教的神灵最具藏族本土特色，使得藏族宗教艺术在内容上区别于汉地和印度获得了辨识度和独立价值。民间宗教中带有地域色彩的神灵则成为了藏族地域性艺术的构成部分。

其次，由于产生苯教的古象雄与中亚、南亚世界的地域连接，其教义受到了波斯琐罗亚斯德教、摩尼教和印度湿婆教中二元论思维的影响，苯教的创世神话说在既无太阳又无月亮也无时间流逝的情境下，产生了一白一黑两个神灵，前者代表善、发光者、生命，后者则代表恶、否定和不存在，两个神灵发生作用后诞生了九男九女,这九男九女又与其他的男神女神结合,产生了无限神谱的发展。这种成对出现、具有鲜明对比性的神灵影响了藏族艺术中总是成组的慈悲神与畏怖神系统,其中畏怖型神灵成为藏族宗教艺术中最具特色、令人印象最为深刻的部分,而畏怖也成为藏族艺术的主要审美类型之一。

最后,苯教和民间宗教其实可以称为仪轨宗教,有大量的仪轨,为配合仪式效果出现了复杂的专门化的供品,这些供品有富于象征意味的幻网、法器,有以模仿为关键原则的替身,主要是一些用糌粑、酥油、面粉等制作成的俑。跳出宗教的视角,我们可以发现宗教仪轨成为了艺术演示的舞台,男女的巫术赎身、勇士像画在木牌之上,各种形象化的和富于象征意味的箭矢、纺锤、五色环、谷物,画有日月星辰、高山云彩的法器,代表"空"的网状织物构成了一个具有复杂意涵和多重表现手法的艺术空间,其中的艺术品随着发展出现了越来越复杂化、精致化的倾向,即越来越富于艺术追求了。

(二)印度和印度教

公元 4—6 世纪是印度历史著名上的笈多王朝时期,笈多王朝文化非常繁荣,婆罗门教复兴,并完成了向印度教的转化,可以说是印度教文化的全盛期。由于信奉宗教宽容政策,这一时期大乘佛教也十分盛行,大乘佛教中心的那烂陀寺成为印度中世纪前期的宗教和学术文化中心。笈多王朝以后,印度在政治上处于四分五裂的状态,这些分裂的王朝基本都信奉印度教,不过在北部的斯瓦特河区域、摩揭陀国以及迦摩缕波国,佛教还是受到帝王的极大供养,在印度教的包围下,佛教开始吸收印度教和民间信仰而逐步密教化,大乘佛教在吸收印度教咒语、宗教仪规和瑜伽术身体训练方法的基础上,创造了一套极富神秘主义色彩的宗教实践方式,就是"密教"。著名的那烂陀寺在成为大乘佛学的中心之后,又成为了密教金刚乘的中心,公元 8 世纪初那烂陀寺衰微。8世纪至 12 世纪,北印度的波罗王朝成为印度佛教最后的庇护地,超戒寺成为佛教中心,其规模胜过那烂陀寺,在此五百年间印度佛教史可说是密教的兴衰史。1042 年,受阿里古格王朝益西沃喇嘛邀请,超戒寺住持阿底峡尊者到西藏西部地区以振兴达磨灭佛后一蹶不振的藏传佛教,传法三年后,应仲敦巴之邀亲赴西藏中部传教。阿底峡在西藏传法约十三年,对后弘期西藏中、西部佛教的复兴发挥了巨大的作用。13 世纪初,佛教最后的据点超戒寺等被穆斯林破坏,标志着佛教在印度本土基本绝迹。大量僧侣们避走至西藏、尼泊尔等地,西藏接收了超戒寺大量典籍,进一步传承了密教教学的传统,并发扬光大,形成以密教为主流的藏传佛教一系。

盛行于藏区的密宗金刚乘一开始就与印度教有着深刻的联系,比如藏密吸收了印度教的性力崇拜和大乐思想;印度教中大量神祇开始列位藏密神殿;印度教中的多罗女神(度母)、雪山女神、难近母、时母、吉祥天女等女神成为藏密重要的崇拜对象。藏传佛教艺术最重要的样式之一就是卫藏波罗风格,此风格也被称为印度—尼泊尔样式,带有明显印度后笈多及波罗前期的艺术的特点。

西藏佛教艺术发展史上不同时期的艺术品中有大量来自印度和印度教的元素。初起于 7 世纪、兴盛于 9 世纪前后的吐蕃艺术遗存至今的作品并不多,主要是一些以建筑为主的个案,另外就是吐蕃两次进入、占据敦煌近 70 年留下的洞窟绘画和绢画。这一时期无论是吐蕃本土的艺术还是敦煌艺术中的吐蕃样式基本是这种波罗样式,只不过掺杂了印度至吐蕃沿线及西域的地方化色彩。如敦煌吐蕃绢画中的菩萨大多身着具有"印度—尼泊尔"风格的裟裟,造型苗条,装饰的珠宝饰物也有印度风格。9 世纪中叶,吐蕃末代赞普达磨灭佛之后,王朝陷入分裂和崩溃。佛教沉寂大约一百年,其后从多康和阿里等地向卫藏腹地传入佛法,分别称为下路和上路弘法,佛教得以复苏。由上路传入的是印度金刚乘后期波罗艺术,不仅促进了西藏艺术的复兴,并以此为基础形成了影响西夏、元佛教艺术的卫藏波罗风格。萨迦寺和夏鲁寺是体现元代西藏艺术最高成就的两个寺院,至今保留着大量极为珍贵的元代艺术品,这些作品中神像背后是波罗风格的冠冕和背光的造型,人物有细长弯曲、欲闭还启的眼睛,长而挺直的鼻子,纤细而有大耳垂的双耳,贴体的袈裟造型,菩萨身材苗条颀长,面容温柔慈爱,都可以看出印度教造像的元素。此外,这一时期表现性力崇拜的男女双修像特别可以看出印度教对西藏佛教的影响,性力崇拜是印度教湿婆信仰的核心,印度绘画和雕塑作品中的双身构图与西藏的双身图像构图方式几乎完全一致。

(三)复合性与本土色彩

如前所述,藏族宗教是一种复合混融的形态,其中包括了藏地土生的民间宗教,掺杂了波斯和印度来源的苯教和自印度传来的糅合了印度教密教和佛教密宗的金刚乘密教,当然也有以龙树中观学派为主的显宗,这样背景下产生的宗教艺术必然表现出复杂的面相。今天我们将盛行于藏区的宗教笼统地称作藏传佛教,而不去作进一步的辨析,这也是有充分理由的。因为藏传佛教已经通过将苯教、民间宗教诸神收编作为佛教的护持者和守卫者,将印度教神灵和他们的故事本土化,使苯教自愿按佛教方式重新改写自己的教义和历史等方式完成了宗教的高度融合。故而,藏族艺术也表现出一种将各种艺术熔于一炉后形成的独一无二的本土色彩。

艺术史上,藏族艺术常被西方学者冠以西藏波罗风格艺术之名,强调它的西方和南方来源,似乎西藏艺术只是印度—尼泊尔—西藏一系艺术最终的完成,①但实际上藏族艺术除了来自南方—西方印度、斯瓦特、克什米尔、尼泊尔的影响外,还有来自东方—北方汉地和草原民族的影响,近年来越来越多的学者注意到公元7—20世纪,汉藏艺术的关系持续紧密,风格样式相互借鉴,可以说"形成了一种具有可辨识特征的'汉藏艺术风格'"②。此二者外,这块相

---

① 意大利藏学家图齐是强调西藏艺术的印度来源的藏学家中特别突出的一位,他在《穿越喜马拉雅》、《印度—西藏》、《西藏画卷》、《西藏艺术》等著作中国均阐述了这一观点。比如在《西藏艺术》中他说佛教传入西藏同时伴随着传入了一个高度成熟的艺术。

② 谢继胜、熊文彬、罗文华、廖旸等:《藏传佛教艺术发展史》(上),上海书画出版社2010年版,第1页。

对封闭的大陆很早就生活着的人群也创制出自己的文明,所谓复合性最终成就了本土特色,与汉地、印度相比,藏族艺术在人物造型、构图、色彩运用、背景绘制等方面有明显的本土特色,这是一种以藏传佛教义理和仪轨为依托,表现藏族生活与宗教场景,呈现出强烈的装饰色彩的图像系统。

二、民族文化心理

瑞士著名心理学家荣格十分关注人类群体的心灵史,提出了集体无意识的概念。所谓集体无意识是指远古以来无数重复的祖先经验积淀到人类心理的深层,形成心理结构中不依赖于个人经验的部分,当遭遇特定的情境时,集体无意识就外显为各种的"原型"(archetype)。① 荣格的著名原型包括人格面具、阿尼玛(男性的女性特征)、阿尼姆斯(女性的男性特征)、阴影(黑暗自我)、智慧老人(智慧和知识)、救星情结等,这些原型适用于全人类。我们可以用柏拉图的"理念"来理解荣格的原型,理念说认为世界是按自身以外的原型仿造的,理念不在现实中,但现实中一切具体的物、抽象的观念均是理念的模仿,那个"在别处"的理念随时随处又悄无声息影响着"在这里"的现实。原型也是如此,人类漫长的过去从来就不曾消失,只是或者被暂时安放在了个人意识的最深处,或者以隐秘的方式潜藏在集体的神话、传说、史诗、宗教观念中。除了人类共同的原型,不同时代、地域、文化的人有属于自己的特定的原型。类似观点还有法国人类学家列维-布留尔的集体表象理论,列维-布留尔的"集体表象"定义为:"这些表象在该集体中是世代相传,它们在集体的每个成员身上留下深刻的烙印,同时根据不同情况,引起集体中每个成员对有关客体产生尊敬、恐惧、崇拜等等感情。"②与荣格的原型相比,布留尔的集体表象理论更强调原始文化、原始思维对人类思维方式的影响。

---

① 刘耀中、李以洪:《建造灵魂的庙宇:西方著名心理学家荣格评传》,东方出版社1996年版,第58—61页。

② [法]列维-布留尔:《原始思维》,丁由译,商务印书馆1995年版,第5页。

按照集体无意识、原型、集体表象的理论,人类群体例如民族应当有它在漫长历史演进过程中由于生物、地理、社会文化等积淀形成的"文化基底"。而在特定的环境下,民族群体的行为会受到这个文化基底的影响,使群体的大多数成员形成了一种共有的、稳定的民族文化心理,这种文化心理则直接影响了各民族形成不同的艺术倾向和独特的民族审美类型。

潜藏在藏族意识深处的集体无意识有哪些呢?按照荣格的说法,原型是集体无意识的外在表达,但原型是一种类似于柏拉图的"理念"的纯粹形式(抽象形式),其具体表现则往往借助于神话和象征。在史诗、神话、传说和原始艺术中,我们看到无数的意象和象征,透过对它们的"象征性的理解"我们可以发现表象背后的无意识内容,发现影响其艺术的民族文化心理。

(一)物我一体与无处不在的娱神艺术

藏族的神话传说里,人与万物的生命是交感互渗、相通相融的,这样人与自然万物间就具有了某种神秘的联系。藏族创世神话中有一系列与卵生有关的神话,人和世间所有的一切都从蛋中诞生。

苯教一则开天辟地的创世神话:

> 宇宙原本是一片虚空,从"空"中产生了"有识","有识"生出明亮的父和黑暗的母,继而生出冷、霜、露,霜露生出如意湖,湖自身旋转变成为蛋。然后,蛋中孵化出两只鸟,一只被叫作"富裕之光亮",另一只叫做"痛苦之黑暗"。二鸟交配生出白色、黑色、花色的三个蛋。白蛋生出世间神系列,黑蛋生出非人非天,花蛋生出祈祷者。世间神在宝物的加持下念诵祈祷文,于是先后诞生了人类、天神和动物的世系。①

另两则创世神话:

---

① ［德］霍夫曼:《西藏的本教》,李冀诚译,《西藏研究》1986 年第 3 期。

当天地混沌,世界只有五种元素组成的一颗蛋,"蛋壳生成天界的白色石崖,蛋液旋转变为白螺海,蛋液中产生六道有情众生"。①

蛋中孕育了斯巴桑波奔赤和曲坚木杰莫,他们结合后生出野兽、畜类和鸟类,他们的鼻子又相互抵触,生下了九兄弟和九姐妹。九兄弟分别分身出九个女人作为他们的妻子,九姐妹分别分身出九个男人作为她们的丈夫,从此产生了大千世界。②

远古时期象雄六大氏族之一的"琼"氏族,起源也与大鹏鸟蛋联系起来。普贤菩萨化身为大鹏金翅鸟"琼"降于乌斯藏之琼部,首生二角,额上发光,额光与日光相映,人莫敢近之,追琼鸟飞去,人至山上,见有遗卵三支:一白,一黄,一黑。僧巫取置庙内,诵经供养。三卵产三子,为普贤菩萨的身、言、心三个化身。③

在藏族创世神话里,天空、大地、风、火、水、山、霜、露、神、人、动物皆为卵生,所以人与天地万物间就有了神秘的牢不可破的联系,这种联系按照泰勒的讲法即为"万物有灵",一切存在物、一切现象都充满了神秘力量,都是富于灵性的生命,于是藏人世界里的自然崇拜无处不在,有山崇拜、水崇拜、天崇拜、动植物崇拜等,山、水、天、动物、植物、人构成一个充满巨大生命力的共同体。在藏人的审美联想中,天神具有很高的地位,天神派生出年(念)神,其中居天者为白年神,包括日、月、星、云、虹;居地者黑年神,包括山、岩、林、海、水等,年神可以保护人类,也可以给人类带来灾难。每一座山都驻扎着山神,山神四处游荡,却又各司其职,有妻子儿女,也像人一样逃不了喜怒哀乐。每一条河、湖、水塘都有水神,神湖是民间重要的崇拜物,神山与圣湖间或是夫妻或是

---

① 意娜:《藏族创世神话中开天辟地的"他们"》,"中国西藏网",2015 年 1 月 3 日, http://www.tibet.cn/culture/tibetology/1422599580741.shtml。

② 意娜:《藏族创世神话中开天辟地的"他们"》,"中国西藏网",2015 年 1 月 3 日, http://www.tibet.cn/culture/tibetology/1422599580741.shtml。

③ 才让太:《苯教史纲要》,西藏人民出版社 2012 年版,第 16 页。同时参考了曾穷石:《"大鹏鸟卵生"神话:嘉绒藏族的历史记忆》,《学术探索》2004 年第 1 期。

母子、父女。天与地之间并不隔绝,而是通过巨大的"天梯"(神山)连通。由于不同事物间普遍存在的"互渗"性,我们看见了藏区娱神艺术无处不在。

承载虔诚信仰的玛尼石刻,不断堆积而成为震撼人心的玛尼石堆或玛尼墙;山上的"拉则"里插满了献祭山神的神箭和风马旗,神箭箭首是绘有象、龙、狮、虎图案的彩绘木板,是献给山神守护神山的兵器;五色风马旗(经幡)在大地与苍穹间猎猎生风,牧民帐篷上的经幡是为了求取逐水草而居的福佑,朝圣者带风马旗上路是祈祷旅途平安,河畔湖边的风马旗是为了表示对水神的敬畏。在祭祀山神或路过垭口时,向空中抛洒风马纸片既是向山神献祭宝马,也是向山神乞求吉祥;每天清晨在屋顶煨桑是一种祝告于天地诸神的仪式,松柏枝燃烧的香味让诸神心情愉悦,袅袅升腾的烟雾把天和地连在一起。透过这些娱神艺术,我们看到了藏族心悦诚服地臣服于大自然,他们以自己的方式与自然亲切对话,表达对自然和神的敬畏,在与自然交流中,藏人没有西方式的傲慢,只有一种融敬仰与亲切于一体的平和的态度。

(二)英雄情结与宏壮美

藏族著名的英雄史诗《格萨尔王传》描写一个神、龙、念三者合一的半人半神的英雄格萨尔降生到天灾人祸频发、妖魔鬼怪横行的岭地,最初他相貌丑陋,备受迫害,被流放直到他成年,由于它本身的力量和诸天神的庇护,他不仅免遭毒手,还镇伏各种魔怪、成为流放地之主。12岁时,格萨尔在部落赛马大会上赢得胜利,被拥立为岭国国王,娶了他爱慕的女子珠牧为妃,此时他才正式被称为格萨尔,并有了光彩照人的仪表。此后,格萨尔开始征战四方,先后战胜了入侵岭国的北方之魔鲁赞,战胜了霍尔的白帐王、姜国的萨丹王、门域的辛赤王、大食国的诺尔王、卡切松耳石的赤丹王、祝古的托桂王等,先后降服了几十个"宗"。其间也遭遇了不少挫折,比如王妃珠牧被霍尔人擒获做了白帐王的夫人,并生下两个儿子,比如有些文本里格萨尔王曾亲赴汉地带回一位汉地的公主,这趟旅行充满坎坷。不过,最后格萨尔王降伏了各路妖魔,与母亲、珠牡重返天界,史诗至此画上了圆满的句号。

英雄格萨尔是威严的国王、荣耀的骑士,是骑着阿尼玛卿山宝马种的骏马、镇伏四方妖魔和敌人的勇士;也是利乐有情、慈悲为怀的领袖人物,是观世音菩萨为普度众生脱离苦海而祈请阿弥陀佛派下凡的天神之子。格萨尔是生存在恶劣自然条件和低下的生产力水平的藏族人民对带领民众与自然搏斗,与分裂、动荡的乱世抗争的领袖人物的敬仰,他的形象反映出藏人的自信和渴望,人们在他身上寄寓着无尽的希望,他是民众对自身力量的认识和理想化。作为人类的代表,格萨尔的战绩无疑是宏伟壮丽的,这个艺术形象体现了作为审美范畴之一的崇高。

藏族的民族文化偏重阳刚,推崇具有宏伟气魄,强大力量的审美对象,这在宗教神话中亦有体现。苯教经典《十万龙经》中有"龙母"化生万物的神话说:龙母头的上部变成天空,右眼变成月亮,左眼变成太阳,上面四颗门牙变成四颗行星。他睁开眼睛是白天,闭上眼就是黑夜。它的上下牙显示出月形的黄道带。它的声音是隆隆雷声,舌头是凌厉的闪电,呼出的气形成云,留下的泪是雨,鼻孔里呼呼的生出风,血汇成五大洋,血管是条条河流,肉体化身为大地,骨骼变成巨大的山脉。① 这是一个典型的"始祖身体化生万物"型神话,龙母开天辟地,创制万物,有一种从历史长河中升腾起来的自信与渴望。同样,神话中牧人斯巴宰牛,牛身体的各个部位化生为世界,牛头变成高山,牛尾化为森林,牛皮成为大地。人以及龙母身上原始的母性成为具有主导地位,能积极主动地创造世界的力量。

黑格尔曾将艺术美分为三个阶段和类型,开始阶段的艺术为象征型艺术,此时散漫的形象、庞大和富丽堂皇的现象压过了想要表达的理念,黑格尔认为东方泛神主义的原始艺术就是象征型艺术的代表。② 藏族神话中的创世巨神

① [德]霍夫曼:《西藏的本教》,李冀诚译,《西藏研究》1986 年第 3 期。
② [德]黑格尔:《美学》(第一卷),朱光潜译,商务印书馆 1986 年版,第 94—97 页。

体现了远古时代的藏人在混沌、无序中寻找自我的艰辛历程,他们尚未发现那个清晰的确定的人类自我,于是将自然和现象无限夸张,透过具有神奇力量的神和伟大的半人半神的英雄的宏壮之美来寄寓审美理想。

(三)善恶一体与畏怖美

"以善为美"是藏族审美观念的核心,在藏族文化中,这一观念通过宗教观念和世俗行为两个层面得以体现。[①] 由于佛教强调行善,将善视作人生最高理想,大乘佛教追求的至高境界即是慈悲为怀、普度众生的菩萨境界,藏传佛教属大乘佛教,藏地一直被看作慈悲观世音菩萨的教化之地,善在全民信仰佛教的藏族中成为最高的价值似乎也就不言而喻了。在现实践行层面,藏人追求善行,推崇"利他"原则,以现世的行善为处世准则以求取来世的福报,饶益有情众生,这也成为人们对藏族社会公共伦理特点的一种共识。因此,藏族社会特别强调人应当具有慈悲、知足、忍耐、不贪的品德,佛经这样要求,敦煌古藏文写本《礼仪问答写卷》也从世俗礼仪的角度对这些具体品性如何实行做了细致入微的要求。[②] 国内几项关于藏族大学生个性心理的研究从民族个性心理学的角度[③]对此提供了一定佐证。研究发现,藏族大学生的个性心理特征包含着这样一些特征:极易喜悦和满足,随遇而安,乐天知命[④];心情安静平和,处事态度平和,但缺乏竞争意识和进取精神[⑤]。

① 郭郁烈:《藏族审美观念初探》,《西北民族学院学报》(哲学社会科学版)1999 年第 1 期。

② 王尧、陈践编著:《敦煌古藏文〈礼仪问答写卷〉译解》,选自王尧、陈践:《敦煌吐蕃文书论文集》,四川民族出版社 1988 年版。

③ 国内目前关于少数民族心理的研究大多集中在少数民族大学生的个性心理研究上,且大多数研究仅以测验和问卷为主要方法,方法较为单一,缺乏必要的民族志分析,所得结论也就有一定的局限。而且从单一的大学生样本得出的结论是否可以推论至整个民族,仍有待证实。不过,我们以为研究本身仍具开创之功,研究结论也具有一定的参考价值。

④ 陶远岑、刘萍:《甘南地区藏、回、土、汉各民族大学生个性特征的比较研究》,《西北师大学报》1990 年第 3 期。

⑤ 朱燕:《藏、汉大学生人格特征比较研究》,《华东师大学报》(教科版)1992 年第 3 期。

　　藏族愿意追求善,歌颂善,可是随着对世界对人自身认识的逐渐加深,他们意识到世界其实具有异常复杂的面相,神祇、英雄甚至佛有时都不是单一特性的,而是善恶兼具、美丑混杂、融慈悲与恐怖于一身。

　　例如《格萨尔王传》,人们注意到的往往是"赛马称王"后的英雄格萨尔王,他相貌堂堂、既智慧又慈悲,法国藏学家石泰安则注意到在许多版本中,史诗的前后两个部分呈现出一种分裂的状态,从主人公诞生到称王前,即在他名叫觉如的少年时期,首先他的母亲是在一个不吉利的地方生下了他(有的版本中他母亲被打伤成为独眼);其次,初生的觉如相貌丑陋(有的版本说他像蜥蜴一般,有的说他如蟾蜍一般,有的说他五官不正、体质衰弱,令人厌恶,等等);最后,关于他的性格,在有的版本中觉如是一个玩世不恭的坏青年。① 为什么藏人要在伟大的英雄史诗中塑造一个集丑陋与光辉、崇高与滑稽于一身的形象,是不是伟大与卑微、英雄与小丑总是相伴相生? 背后反映了藏族对世界怎样的一种认识?

　　藏密经典《西藏度亡经》是给死亡之人度过中阴(Bardo)阶段的指导书。在中阴六种境相的"实相(法性)中阴"阶段,四十二位喜乐部和五十八位忿怒部圣尊会一一出场,喜乐部诸尊以佛菩萨慈悲的面容示人,忿怒部诸尊则显得恐怖骇异,让人感到强烈的恐惧和痛苦。事实上,慈爱或狰狞均是可以带领亡灵脱离轮回之苦的佛的不同化现,截然对立的显现方式只是观者内心希望和恐惧的认知与情绪的反映,是我们内心幻影的外化而已。也就是说,无所谓喜乐圣尊与忿怒圣尊,他们不过是同一事物的两种面孔,神祇一体两面的这种现象在藏族复杂的神灵谱系中极为常见,许多神都是既有慈悲相又有畏怖相。而藏族宗教和民间信仰中最具特色的那些一脸怒相、挥舞着兵器、脚踩尸体的畏怖神其实是是护卫佛法免遭妖魔袭扰的护法神,他们恐怖的长相是为了恐吓妖魔和异族,保护佛法和本民族。这种畏怖外表下潜藏着慈悲与关怀的形

---

　　① 〔法〕石泰安:《西藏史诗和说唱艺人》,耿昇译,中国藏学出版社 2005 年版,第 590—593 页。

象已被藏人完全接受,广泛地运用于神祇、法器、金刚舞面具之中,稍微接受过一点宗教训练的藏人清楚地知道这些畏怖形象背后的慈悲,而这也成为理解藏文化的关键点之一。

结　语

这个时代,媒介的丰富和交通的便捷使我们随时可以感知到无处不在的审美多样性,透过迅速切换画面的屏幕,美术馆的专题展览,一次阅读或一趟远足,我们真切地触碰到和看到了与我们熟知的艺术世界迥然有别的新世界。艺术不再是单一面孔、单一标准,每个民族都尽情展现出根植于自身自然与文化土壤中的独特面目,可以说艺术的丰富性与多样性反复地以极其直观和生动的方式呈现了出来。但我们也注意到,这种多元呈现并不均衡,强势文化的艺术不仅占据了绝对主导的地位,而且影响了人们对其他艺术的审美评价。人们对于那些远离自身文化的少数人的艺术往往缺乏深入了解的意愿和行动,许多时候以"原始"之名笼统地概括它们,便不再深入探索下去,真正把握它们的特质。

民族艺术的特质之一就是不同民族的艺术会呈现出独特的审美形态,表现为不同的审美类型,透过这些类型我们可以把握他们在审美上的独特趣味,分析他们的艺术为何如此,怎样成为如此,进而理解不同文化人群的价值取向以及生命关切。中西美学史上许多人已经意识到此问题的重要性,已问世的艺术或美学论著中有大量涉及对审美类型问题的讨论。

与中国很多少数民族的艺术比较,本书讨论的藏族艺术因为其文化的独特性、艺术特色的鲜明性,以及较多的人口和较高的存在感,受到的关注并不算少,以往的研究对其往往按照壁画、唐卡、佛像、音乐、舞蹈、建筑、文学等不同艺术门类分别展开,而不像西方艺术或中国传统艺术研究那样既有不同门类艺术的专门研究,还有将其视作一个整体进行的艺术哲学和艺术理论的探讨,后者在大量具体的艺术对象之上运用综合、抽象、概括等方法,从感性上升到理性,得出关于艺术的高度概括性的结论,进而探求艺术的规律。

本书以大量艺术材料为基础,立足于审美类型的提炼,用两章的篇幅归纳出藏族艺术的四种基本审美类型。

一为宏壮,指艺术对象在广延性上大而显出的气势,这里我们讨论了宗教仪式上的巨幅佛像,宏伟的寺院建筑群、高大的宗山建筑、高耸挺拔的碉楼,悬挂在佛寺周围和神山圣湖间的经幡林和在天地间飞舞的隆达构成的壮丽"画卷"。二为繁复,在藏族的生活世界与艺术世界里,内容与形式的繁复一直是主调。藏族审美无论是宗教性的唐卡、壁画、寺院内饰,还是世俗的服饰、建筑、家具装饰、日用器皿的设计等都表现出对繁复的偏爱。三为隐秘,在密宗金刚乘的影响下,藏族宗教艺术充满了秘密隐晦的象征意味。象征是藏族艺术的基本存在方式,佛像、唐卡等艺术中广泛存在着曼荼罗、十相自在、生命之轮等看得见的艺术符号,它们通往的是看不见的抽象本体,艺术不是单纯的现实主义的表达,而是要将观者引入"像"后面的宗教奥义中去,不过,隐秘之所以会成为一种重要的审美类型恰在于它兼具了宗教的理与艺术的美。四为畏怖,在藏族艺术中"畏怖"无处不在,体现在包括宗教法器、礼器、战斗武器以及神灵所持神器在内的器物上,在造型类宗教艺术中的神灵坐骑、神灵降伏对象等动物形象上,在护持和守卫佛教的护法神形象上,从某种意义上说,畏怖型审美是藏族艺术中最具独特性和代表性的审美类型。

以上是作为现象的四种基本审美类型,在此基础上用一章的篇幅对四种类型进行了美学分析,选取的角度有四个方面。

一是审美主体与客体。藏族艺术审美主体的构成具有多样性,除了传统美学经常讨论的纯粹静观中的"审美人",还有以信徒的身份朝向宗教艺术和对日常实物"用"之外的美进行追求的主体,我们重点讨论了被传统美学褫夺了审美主体身份的第二、第三类人。而藏族艺术的审美客体则是一个由天、地、人、神共同构成的无法割舍的关联体,为与审美主体的探讨对应,我们分析了纯粹的艺术品、部分宗教用品和部分生活用品三种审美客体。美产生于审美主体与客体的交互作用。二是审美内容与形式。属于形式的主要有物质材料层与符号形式层。属于内容的主要有意象世界层与超验境界层。三是感性与理性。在艺术的领地里,感性、感觉毫无疑问是基础,也是中心,藏族艺术由于与具有身体实践化特点的密乘信仰有深刻关系,对那些参与了身体实践的感官具有很高的依赖性,其艺术对敏锐而丰富的感性相当依赖。藏族艺术中的理性最明显的表现在于象征,我们知道象征的"象"只是一种表征,"象"的运用是为了将我们从表面的"象"引向背后的那个观念,象征在藏族艺术中随处可见,作为藏族艺术的核心概念之一的象征是藏族艺术理性的集中表现。四是几组范畴的比较。比较了中国传统审美与藏族审美中的相近概念,包括壮美与宏壮,繁缛与繁复,隐秀、含蓄与隐秘,清丑与畏怖,分析了他们的异同和关系。

从现象列举到美学分析,从具象到抽象,我们了解了藏族艺术的审美基本类型,以及在美学上该怎样认识这些类型,最后一章我们开始探究生成这类审美类型的独特的自然、人文生态环境。一是自然环境与审美类型的关系,分析了青藏高原独特地理环境、交通的自然便利、特有的气候条件与藏族恢宏壮阔的审美观及审美类型形成的关系;二是人文环境与审美类型的关系,包括苯教与民间宗教、印度与印度教以及藏传佛教等宗教对审美类型的影响,民族文化心理对审美类型的影响,藏族的民族性格、集体情感使艺术成为其文化心理的对应物,包括物我一体观念与无处不在的娱神艺术、英雄情结与宏壮美、善恶一体与畏怖美等方面。

许多时候,我们会以为艺术只是民族文化的一角,但漫长的历史演变中,艺术始终与自然、历史、宗教、哲学等深刻纠缠在一起,掀开这小小的一角,可以看见数千年来层层累叠在一个民族身上隐秘的心灵世界,透过一件普通的艺术作品可以看见他们的基本文化精神和对待世界起码的态度。

藏族艺术包括世俗艺术和宗教艺术两类,宗教艺术是藏族艺术中非常重要的组成部分,宗教尤其是密宗金刚乘的盛行,使得藏族艺术充满神秘的氛围,形成一种富于象征意味以隐秘和畏怖为特征的审美类型。传统观念认为,藏族艺术受到宗教的深刻影响,人们甚至用"艺术浸淫在宗教之中"这样的话语来描述藏族艺术存在状况,但事实上藏族也有相当成熟的世俗艺术,高大的建筑,精美的装饰、家具、服饰,凝结巧思的日用器物等无一不被藏人的巧手"点石成金"过。对这些艺术的巡览,我们可以发现这是一个热爱美、钻研美、不断创造美的民族,实在值得我们发现、发掘、学习和归纳其独特的美学。

中国美学在西方美学体系的深刻影响下,已经阐释和构建出中国自身的审美范畴系统,从儒释道三教中发掘出沉郁、飘逸、空灵等审美类型。以此思路,我们将视野进一步延展,可以关注到中华民族多元文化语境与多样审美实践中其他值得阐释的审美类型,从抽象思辨的角度提升少数民族文化实践的理论价值,创建开放的兼容多重表述的审美体系。本研究就是这方面一次初步的尝试。

引 用 文 献

著　作

[美]保罗·韦斯、冯·奥格登·沃格特:《宗教与艺术》,金仲、何其敏译,四川人民出版社 1999 年版。

[英]伯克:《崇高与美》,李善庆译,上海三联书店 1990 年版。

才让太:《苯教史纲要》,西藏人民出版社 2012 年版。

[印度]D.D.高善必:《印度古代文化与文明史纲》,王树英等译,商务印书馆 1998 年版。

丹巴绕旦:《西藏绘画》,阿旺晋美译,中国藏学出版社 2006 年版。

[法]丹纳:《艺术哲学》,傅雷译,江苏人民出版社 2017 年版。

[印度]德·恰托巴底亚耶:《顺世论》,王世安译,商务印书馆 1992 年版。

丁福保编:《佛学大辞典》(上册),上海书店 1991 年版。

[英]E.E.埃文斯-普里查德:《原始宗教理论》,孙尚扬译,商务印书馆 2002 年版。

佛学书局编纂:《实用佛学辞典》,上海古籍出版社 1994 年版。

葛兆光:《中国思想史》(第一卷),复旦大学出版社 2001 年版。

[德]海德格尔:《海德格尔诗学文集》,华中师大出版社 1992 年版。

[德]黑格尔:《美学》(第一卷),朱光潜译,商务印书馆 1979 年版。

[德]黑格尔:《美学》(第三卷上册),朱光潜译,商务印书馆 1979 年版。

弘学:《佛教图像说》,巴蜀书社 1999 年版。

霍巍、王煜、吕红亮:《考古发现与西藏文明史》(第一卷:史前时代),科学出版社

2015 年版。

计成:《园冶》,江苏凤凰文艺出版社 2015 年版。

[瑞士]卡尔·荣格:《心理学与文学》,冯川、苏克译,生活·读书·新知三联书店 1987 年版。

[德]卡西尔:《人论》,甘阳译,上海译文出版社 1985 年版。

[德]康德:《判断力批判》,宗白华译,商务印书馆 1993 年版。

[德]康德:《纯粹理性批判》,邓晓芒译,人民出版社 2004 年版。

[奥地利]勒内·德·内贝斯基·沃捷科维茨:《西藏的神灵与鬼怪》,谢继胜译, 西藏人民出版社 1993 年版。

李飞编著:《唐卡奇珍——中国古代唐卡艺术鉴赏》,西泠印社出版社 2011 年版。

李泽厚、刘刚纪主编:《中国美学史》(第一卷),中国社会科学出版社 1984 年版。

李泽厚:《美的历程》,中国社会科学出版社 1989 年版。

李泽厚:《华夏美学》,天津社会科学院出版社 2001 年版。

[法]列维-布留尔:《原始思维》,丁由译,商务印书馆 1995 年版。

林兴宅:《文艺象征论》,福建人民出版社 1992 年版。

刘勰:《增订文心雕龙校注》,黄叔琳注,李详补注,杨明照校注拾遗,中华书局 2000 年版。

刘耀中、李以洪:《建造灵魂的庙宇:西方著名心理学家荣格评传》,东方出版社 1996 年版。

[英]罗伯特·比尔:《藏传佛教象征符号与器物图解》,向红笳译,中国藏学出版 社 2014 年版。

[美]M.H.阿伯拉姆:《简明外国文学词典》,曾中禄、郑子红、邓建标译,湖南人民 出版社 1987 年版。

[德]马丁·布伯:《我与你》,陈维纲译,生活·读书·新知三联书店 2002 年版。

[罗马利亚]米尔恰·以利亚德:《不死与自由》,武锡申译,中国致公出版社 2001 年版。

[德]尼采:《查拉图斯特拉如是说》,余鸿荣译,北方文艺出版社 1988 年版。

彭春富:《美学原理》,人民出版社 2011 年版。

[英]萨拉·巴特利特:《符号中的历史》,范明瑛、王敏雯译,北京联合出版公司 2016 年版。

石刚:《六祖坛经今注》,首都经济贸易出版社 2007 年版。

石硕等:《青藏高原碉楼研究》,中国社会科学出版社 2012 年版。

[法]石泰安:《西藏史诗和说唱艺人》,耿昇译,中国藏学出版社 2005 年版。

[美]苏珊·朗格:《情感与形式》,中国社会科学出版社 1986 年版。

孙周兴选编:《海德格尔选集》(上),上海三联书店 1996 年版。

索南才让:《西藏密教史》,中国社会科学出版社 1998 年版。

索南坚赞:《西藏王统记》,刘立千译注,民族出版社 2000 年版。

[波兰]瓦迪斯瓦夫·塔塔尔凯维奇:《西方美学六大观念史》,刘文潭译,上海译文出版社 2013 年版。

[德]瓦尔特·本雅明:《机械复制时代的艺术作品》,王才勇译,中国城市出版社 2001 年版。

王家鹏主编:《藏传佛教唐卡:故宫博物院藏文物珍品大系》,上海科学技术出版社、商务印书馆(香港)2003 年版。

王旭晓:《美学通论》,首都师范大学出版社 2000 年版。

[意大利]翁贝托·艾柯编著:《丑的历史》,彭淮栋译,中央编译出版社 2012 年版。

五世达赖喇嘛:《西藏王臣记》,刘立千译注,民族出版社 2000 年版。

西藏自治区文管会编:《西藏唐卡》,文物出版社 1985 年版。

谢继胜、熊文彬、罗文华、廖旸等:《藏传佛教艺术发展史》(上),上海书画出版社 2010 年版。

[德]谢林:《先验唯心论体系》,梁志学、石泉译,商务印书馆 1983 年版。

徐复观:《中国艺术的精神》,华东师范大学出版社 2001 年版。

杨春时:《美学》,高等教育出版社 2004 年版。

杨辛、甘霖:《美学原理》,北京大学出版社 1993 年版。

杨衒之:《洛阳伽蓝记校释》,周祖谟校释,中华书局 1963 年版。

叶朗:《中国美学史大纲》,上海人民出版社 1985 年版。

叶朗:《美学原理》,北京大学出版社 2009 年版。

义净:《南海寄归内法传校注》,王邦维校注,中华书局 1995 年版。

[英]约翰·布洛菲尔德:《西藏佛教密宗》,耿升译,西藏人民出版社 2003 年版。

《藏汉大辞典》(上册),民族出版社 1993 年版。

意娜:《直观造化之像——文化研究语境下的藏族唐卡艺术》,社科文献出版社 2013 年版。

张法:《美学导论》(第 3 版),中国人民大学出版社 2011 年版。

张世英:《进入澄明之境——哲学的新方向》,商务印书馆 1999 年版。

赵翼:《瓯北诗话》,人民文学出版社 1988 年版。

《中国国家地理·选美中国特辑》(精装修订版),2005 年。

朱光潜:《朱光潜全集》(第一卷),安徽教育出版社 1987 年版。

朱立元主编:《美学》(修订版),高等教育出版社 2006 年版。

朱庆辰主编:《看不见的唐卡》,五洲传播出版社 2016 年版。

朱玉珠、楚金波主编:《美学原理》,黑龙江人民出版社 2007 年版。

宗白华:《美学散步》,上海人民出版社 1981 年版。

宗者拉杰、多杰仁青:《藏画艺术概论》,民族出版社 2002 年版。

Tucci, *Tibetan Painted Scrolls*, reprinted by Rinsen Book Co.Ltd., Kyoto.1980.

论　　文

董志强:《审美客体与审美对象》,《哲学研究》2002 年第 10 期。

娥满:《少数民族美学何以可能?》,《美与时代》(下)2014 年第 4 期。

[意] G.杜齐:《西藏艺术》,张亚莎、李建雄译,《西藏艺术研究》1993 年第 2 期。

高薪:《物的凝视——论审美静观的宗教性起源》,《中国人民大学学报》2017 年第 5 期。

高砚平:《赫尔德论触觉:幽暗的美学》,《学术月刊》2018 年第 10 期。

郭郁烈:《藏族审美观念初探》,《西北民族学院学报》(哲学社会科学版)1999 年第 1 期。

韩书力:《说不尽的曼荼罗》,《艺术家》(台北)1997 年第 5 期。

胡健:《审美范畴研究反思》,《美与时代》(下)2016 年第 7 期。

[德]霍夫曼:《西藏的本教》,李冀诚译,《西藏研究》1986 年第 3 期。

霍巍:《从考古发现看西藏史前的交通与贸易》,《中国藏学》2013 年第 2 期。

金申:《藏传佛教造像的流派与样式》(上、中、下),《收藏家》2002 年第 4、5、6 期。

康·格桑益希:《天圆地方曼荼罗》,《西藏旅游》2003 年第 4 期。

康·格桑益希:《藏传佛教密宗曼荼罗艺术探秘》,《宗教学研究》2004 年第 2 期。

[日]立川武藏:《曼陀罗(坛城)的结构和功能》,熊文彬译,《国外藏学译文集》(13 辑),西藏人民出版社 1997 年版。

刘旭光:《"感官审美"论——感光的鉴赏何以可能》,《浙江社会科学》2017 年第 1 期。

[美]玛丽琳·M.莱因:《藏传佛教艺术的美学特征、历史编年与风格类型》,姜静怡译,王尧、王启龙主编:《国外藏学研究译文集》十五辑,西藏人民出版社 2001 年版。

沈语冰:《康德的形式概念》,《世界美术》2007 年第 3 期。

孙柏林:《论海德格尔"大地"之思的根源》,《云南大学学报》(社会科学版)2015年第 1 期。

谭容培、颜翔林:《差异与关联:重释审美感性与审美理性》,《湖南师范大学社会科学学报》2014 年第 1 期。

陶远岑、刘萍:《甘南地区藏、回、土、汉各民族大学生个性特征的比较研究》,《西北师大学报》1990 年第 3 期。

田联韬:《藏族音乐的地域性特征与音乐色彩区研究》,《中央音乐学院学报》2014年第 4 期。

童强:《艺术理论与美学中的感性》,《中国文艺评论》2018 年第 4 期。

王建疆:《审美形态新论》,《甘肃社会科学》2007 年第 4 期。

王建疆:《中国审美形态与中华文化特性》,《西北师大学报》(社会科学版)2016 年第 1 期。

王尧、陈践编著:《敦煌古藏文〈礼仪问答写卷〉译解》,选自王尧、陈践:《敦煌吐蕃文书论文集》,四川民族出版社 1988 年版。

魏强:《论藏族龙神崇拜的发展演变及特点》,《青海民族大学学报》(社会科学版)2010 年第 3 期。

扬之水:《移植与嬗变——明代金银饰品中的藏传佛教艺术》,《中国文化》2009 年第 1 期。

于坚:《在哲蚌寺看晒佛》,《佛教文化》2006 年第 6 期。

曾穷石:《"大鹏鸟卵生"神话:嘉绒藏族的历史记忆》,《学术探索》2004 年第 1 期。

张法:《巴尔塔萨的神学美学》,《中国人民大学学报》2002 年第 4 期。

赵玉:《"美学":"感性学"还是"理性学"》,《美学》2010 年 2 月。

朱燕:《藏、汉大学生人格特征比较研究》,《华东师大学报》(教科版)1992 年第 3 期。

责任编辑：马长虹

封面设计：徐　晖

图书在版编目（CIP）数据

藏族艺术的审美类型研究/娥满 著. —北京：人民出版社,2021.9
ISBN 978－7－01－022722－1

Ⅰ.①藏…　Ⅱ.①娥…　Ⅲ.①藏族-民间艺术-艺术美学-研究　Ⅳ.①J12

中国版本图书馆 CIP 数据核字（2020）第 241588 号

藏族艺术的审美类型研究

ZANGZU YISHU DE SHENMEI LEIXING YANJIU

娥　满　著

人民出版社 出版发行

（100706　北京市东城区隆福寺街 99 号）

中煤（北京）印务有限公司印刷　新华书店经销

2021 年 9 月第 1 版　2021 年 9 月北京第 1 次印刷
开本：710 毫米×1000 毫米 1/16　印张：13　插页：4
字数：200 千字　印数：0,001-3,000 册

ISBN 978－7－01－022722－1　定价：48.00 元

邮购地址 100706　北京市东城区隆福寺街 99 号
人民东方图书销售中心　电话（010）65250042　65289539